DENIS DIDEROT

Dies ist keine Erzählung

Die Andere
Bibliothek

DENIS DIDEROT

Dies ist keine Erzählung

Aufklärerische Geschichten

*Übertragen aus dem Französischen
von Friedrich Schiller
Christel Gersch
Katharina Scheinfuß*

Merkwürdiges Beispiel einer weiblichen Rache

Deutsch von Friedrich Schiller

Der Marquis von A... war ein junger Mann, der seinem Vergnügen lebte, liebenswürdig und angenehm, der aber übrigens so so von der weiblichen Tugend dachte. Dennoch fand sich eine Dame, die ihm ziemlich zu schaffen machte. Sie nannte sich Frau von P..., eine reiche Witwe von Stande, voll Klugheit, Artigkeit und Welt, aber stolz und von hohem Geist.

Der Marquis brach alle seine vorigen Verbindungen ab, um nur allein für diese Dame zu leben. Ihr machte er den Hof mit der größten Geflissenheit, brachte ihr alle ersinnlichen Opfer, sie von der Heftigkeit seiner Neigung zu überführen, und trug ihr endlich sogar seine Hand an. Aber die Marquisin, die es noch nicht vergessen konnte, wie unglücklich ihre erste Heirat gewesen, wollte sich lieber jedem andern Ungemach des Lebens als einer zwoten aussetzen.

Diese Frau lebte sehr eingezogen. Der Marquis war ein alter Bekannter ihres verstorbenen Mannes gewesen; sie hatte ihm damals den Zutritt gestattet, und auch nachher verschloß sie ihm ihre Türe nicht.

Die weibische Sprache der Galanterie konnte an einem Manne von Welt nicht mißfallen. Die Beharrlichkeit seiner Bewerbung, von seinen persönlichen Eigenschaften begleitet, seine Figur, seine Jugend, der Anschein der innigsten, wahrhaftigsten Liebe und dann wiederum die einsame Lebensart dieser Dame, ein Temperament, zur zärtlichen Empfindung geschaffen, mit einem Wort, alles, was ein weibliches Herz nur verführen kann, tat auch hier seine Wirkung. Frau von P… ergab sich endlich nach einer monatelangen fruchtlosen Gegenwehr und dem hartnäckigsten Kampf mit sich selber. Unter den gehörigen Formalitäten eines heiligen Schwurs war der Marquis der Glückliche – er wäre es auch geblieben, hätte anders sein Herz den zärtlichen Gesinnungen, die es damals so feierlich angelobte und die ihm so zärtlich erwidert wurden, getreu bleiben wollen.

Einige Jahre waren so hingeflossen, als es dem Marquis einfiel, die Lebensart der Dame etwas einförmig zu finden. Er schlug ihr vor, in Gesellschaft zu gehen – sie tat's – Besuche anzunehmen – sie willigte ein – Tafel zu geben – auch darin gab sie ihm nach. Endlich und endlich fing ein Tag, fingen mehrere Tage an zu verstreichen, und kein A… ließ sich sehen. Er fehlte bei der Mittagstafel, beim Abendessen. Geschäfte drängten ihn, wenn er bei ihr war; er fand für nötig, seinen Besuch diesmal abzukürzen.

Wenn er kam, murmelte er ein, zwei Worte, streckte sich im Sofa, ergriff etwa diese oder jene Broschüre, warf sie weg, schäkerte mit seinem Hund oder schlief zuletzt gar ein. Es wurde Abend – seine schwächliche Gesundheit riet ihm, zeitig nach Hause zu gehen, das hatte ihm Tronchin ausdrücklich befohlen – und Tronchin, das ist wahrhaftig und wahr, Tronchin ist ein unvergleichlicher Mann –, und damit nahm er Stock und Hut und wischte fort, vergaß in seiner Zerstreuung auch wohl gar, Madame beim Abschied zu umarmen. Frau von P… empfand, daß sie nicht mehr geliebt ward; aber sie mußte sich überzeugen, und das machte sie ungefähr auf folgende Art.

Einmal, als sie eben abgespeist hatten, fing sie an: »Warum so in Gedanken, Marquis?«

»Warum *Sie*, gnädige Frau?«

»Es ist auch wahr, und noch dazu in so traurigen.«

»Wie denn das?«

»Nichts.«

»Das ist nicht wahr, Madame! Frei heraus –« und dabei gähnte er – »gestehen Sie mir, was ist Ihnen? – das wird uns beide aufmuntern.«

»Hätten Sie das hier so nötig?«

»Nicht doch – Sie wissen ja – man hat so gewisse Stunden –«

»Wo man verdrießlich sein muß?«

»Nein, Madame, nein, nein – Sie haben unrecht, bei meiner Ehre, Sie haben unrecht! Es ist nichts, ganz und gar nichts. Es gibt manchmal so Augenblicke – ich weiß selbst nicht, wie ich mich ausdrücken soll.«

»Lieber Freund, schon eine Zeitlang drückt mich etwas auf dem Herzen, das ich Ihnen sagen wollte; aber immer war mir bange, es würde Sie beleidigen.«

»Mich beleidigen? Sie?«

»Vielleicht – aber Gott ist mein Zeuge, daß ich unschuldig bin. Ohne meinen Willen, ohne mein Wissen hat sich das nach und nach so gegeben. Es kann nicht anders – es muß ein Fluch Gottes sein, der dem ganzen

Menschengeschlecht gilt, weil auch ich – ich selbst so gar keine Ausnahme mache.«

»Ah, Madame – Sie besorgen etwas – hm – und was ist es denn?«

»Was es ist? Oh, ich bin unglücklich, – auch Sie werd' ich unglücklich machen. – Nein, Marquis, besser, ich schweige still.«

»Reden Sie frei, meine Liebe! Sollten Sie vor mir Geheimnisse haben? Sollten Sie nicht mehr wissen, daß es die erste Bedingnis unsrer Vertraulichkeit war, einander nichts zu verschweigen?«

»Das eben ist's, was mir Kummer macht. Was Sie mir jetzt vorwerfen, Marquis, hat noch vollends gefehlt, meine Strafbarkeit aufs höchste zu treiben. – Finden Sie nicht, daß meine vorige Munterkeit ganz dahin ist? – Ich habe keine Lust zum Essen und Trinken mehr. Auch sogar schlafen mag ich nicht mehr. Unser vertrauter Umgang fängt nachgerade an, mir zuwider zu werden. Oft um Mitternacht frage ich mich selbst: Ist er denn nicht mehr so liebenswürdig? – Er ist, wie er war. – Hast du Ursache, dich über ihn zu beklagen? – Nicht die mindeste. – Vielleicht besucht er verdächtige Häuser? – Nichts weniger. – Oder findest du ihn vielleicht minder zärtlich als ehedem? – Ganz und gar nicht. – Aber wenn dein Freund noch der alte ist, so müßtest du ja verwandelt sein? – Du bist's, o gestehe dir's, du bist's. Da ist kein Funke der Sehnsucht mehr, mit der du sonst ihn erwartetest, kein Schatten der Freude mehr, womit du ihn damals empfingest, keine Spur der süßen Beklemmung mehr, wenn er ausblieb, der süßeren Aufwallung, wenn er wiederkam, wenn du hörtest seiner Tritte Klang, wenn man ihn meldete, wenn er hereintrat. – Oh, das alles ist vorbei – es ist dahin, er ist dir fremder geworden.«

»Wie, Madame?«

Hier drückte die Dame beide Hände vors Gesicht, ließ den Kopf herabsinken und schwieg eine Zeitlang still. Endlich sagte sie wieder:

»Ich weiß, was Sie mir antworten können; ich bin darauf gefaßt, Sie erstaunt zu sehen – mir das Bitterste von Ihnen sagen zu lassen. – Aber schonen Sie, Marquis – doch nein, nein, schonen Sie nicht! Sagen Sie mir alles! Ich hab' es verdient. Ich muß mir's gefallen lassen. Ja, lieber Marquis, so ist es – es ist wahr – aber ist es nicht schrecklich genug, daß es so weit kommen mußte – sollte ich auch noch zu der Schande herabgesunken sein, Ihnen geheuchelt zu haben? Sie sind, was Sie waren, aber ich bin die nämliche nicht mehr. Noch zwar verehr' ich Sie, verehre Sie so sehr und mehr noch als ehedem, aber – aber eine Frau, wie Sie mich kennen, eine Frau, die gewohnt ist, die geheimsten Regungen ihres Herzens zu prüfen, sich nirgends zu täuschen, diese Frau kann sich nicht mehr verhehlen, daß die Liebe daraus geflohen ist. Dieses Bekenntnis – oh, ich fühl' es – es ist das entsetzlichste, aber dennoch nicht minder wahr. – Ich, eine Wankelmütige, eine Lügnerin! – Wüten Sie aus, lieber Marquis! Verwünschen Sie mich. Verdammen Sie mich. Brandmarken Sie mich mit den verhaßtesten Namen! Ich hab' es selbst schon getan. Alles, alles kann ich von Ihnen anhören, nur das einzige nicht, daß ich heuchle; denn das verdien' ich nicht.«

Hier drehte sich Frau von P… im Sofa herum und fing laut an zu weinen. Der Marquis warf sich ihr zu Füßen.

»Treffliche Frau! Göttliche Frau! Frau, wie man keine mehr finden wird! Ihre Freimütigkeit, Ihre Rechtschaffenheit beschämen mich, rühren mich – ich möchte vor Scham sterben. Wie groß stehen Sie in diesem Augenblick neben mir; wie klein steh' ich neben Ihnen! Sie haben den Anfang gemacht, zu bekennen – ich machte den Anfang, zu fehlen. Ihre Offenherzigkeit reißt mich hin – ein Ungeheuer müßt' ich sein, wenn ich einen Augenblick anstünde, sie zu erwidern. Ja, Madame, ich kann es nicht leugnen; die Geschichte Ihres Herzens ist Wort für Wort auch die Geschichte des meinigen. Alles, alles, was Sie *sich* gesagt haben, hab' ich auch mir gesagt. Doch ich duldete und schwieg – hätte vielleicht noch lange geschwiegen – hätte vielleicht nie den Mut gehabt, mich zu erklären.«

»Ist das wirklich wahr, Marquis?«

»Wahr, Madame – und wir können uns also beide Glück wünschen, daß wir zu gleicher Zeit über eine Leidenschaft Meister wurden, die so vergänglich wie die unsrige war.«

»In der Tat, Marquis, ich würde sehr zu beklagen sein, wenn meine Liebe später erloschen wäre als die Ihrige.«

»Sie können sich darauf verlassen, Madame – ich war der erste, bei dem sie aufhörte.«

»Wirklich, mein Herr? Ich fühle so etwas.«

»O meine beste Marquisin! Noch nie fand ich Sie so reizend, so liebenswürdig, so schön als in dem jetzigen Augenblick. Machten mich meine bisherigen Erfahrungen nicht schüchtern, wer weiß, ob ich Sie nicht heftiger lieben würde als jemals.«

Er nahm, indem er dies sagte, ihre beiden Hände und küßte sie lebhaft. Frau von P… unterdrückte den tödlichen Gram, der ihr Herz zerriß, und nahm das Wort: »Aber was nun anfangen, Marquis? – Wir beide, dächte ich, hätten uns keinen Betrug vorzuwerfen. Sie haben noch die nämlichen Ansprüche auf meine Achtung wie ehedem – auch ich hoffe, mein Recht auf die Ihrige nicht ganz vergeben zu haben. Wollen wir fortfahren, uns zu sehen? Wollen wir unsre Liebe in die zärtlichste Freundschaft verwandeln? – Das wird uns künftig alle die traurigen Auftritte ersparen, alle die kleinen Treulosigkeiten, alle die kindischen Neckereien, all den mutwilligen Humor, der eine flüchtige Leidenschaft zu begleiten pflegt. Wir werden das einzige Beispiel in unsrer Gattung sein. Sie – haben Ihre vorige Freiheit wieder, mir – geben Sie die meinige zurück. So reisen wir zusammen durch die Welt. Sie machen mich bei jeder neuen Eroberung zu Ihrer Vertrauten. Ich werde Ihnen kein Geheimnis aus den meinigen machen – versteht sich, wenn ich welche erlebe; denn ich fürchte sehr, lieber Marquis, daß Sie mich in dem Punkt ein klein wenig scheu gemacht haben. – Und so müßt' es denn ganz unvergleichlich gehen. Sie unterstützen mich zuweilen mit Ihrem Rat, ich Sie mit dem meinigen. – Und am Ende – wer weiß, was geschehen kann?«

»Allerdings, Madame, und es ist dann so gut als schon ausgemacht, daß Sie bei jeder Vergleichung gewinnen – daß ich von Tag zu Tag wärmer und zärtlicher zu Ihnen zurückkehre, daß mich zuletzt alles, alles wird überwiesen haben, die Marquisin von P… sei die einzige Frau, die mich glücklich machen kann. Und wenn ich dann wieder umkehre, so ist es auch heilig gewiß, daß Sie mich zeitlebens in Ihren Banden behalten.«

»Wie aber, wenn Sie bei ihrer Wiederkehr mich nicht mehr fänden? – Denn Sie wissen ja, man ist oft wunderlich, Marquis – der Fall könnte kommen, daß mich Eigensinn – Laune – Leidenschaft für einen andern anwandelte, der nicht einmal so viel in Ihren Augen gälte.«

»Allerdings würde mich das kränken, Madame. Aber beklagen dürfte ich mich darum nie. Ich müßte mich einzig und allein an das Schicksal halten, das uns trennte, weil es wollte, und uns wieder zu vereinigen wissen wird, wenn das so sein soll.«

Auf dieses Gespräch folgte eine langweilige Predigt über den Unbestand des menschlichen Herzens, über die Nichtigkeit der Schwüre, über den Zwang der Ehen. Nach kurzen Umarmungen schieden beide voneinander.

So groß der Zwang gewesen, den sich die Dame in Gegenwart ihres Liebhabers auflegen mußte, so fürchterlich war der Ausbruch ihres Schmerzes, als er fortgegangen war.

»Also ist es wahr«, schrie sie laut aus, »es ist mehr als zu wahr, er liebt mich nicht mehr!« – Nachdem ihre ersten Aufwallungen vorüber waren und sie in stiller Wut über dem erlittenen Schimpfe gebrütet hatte, beschloß sie eine Rache, die ohne Beispiel war, eine Rache zum Schrecken aller Männer, die sich gelüsten lassen, eine Frau von Ehre zu betrügen; und diese Rache führte sie aus.

Die Marquisin hatte ehemals mit einer gewissen Frau aus der Provinz in Bekanntschaft gestanden, die eines Prozesses wegen mit ihrer Tochter, einem Mädchen von großer Schönheit und guter Erziehung, nach Paris gezogen war. Jetzt hatte sie erfahren, daß diese Frau mit ihrem Prozeß ihr ganzes Vermögen verloren hatte und dahin gebracht worden war, ein Haus der Freude zu unterhalten. Man kam da zusammen, man spielte, man speiste zu Abend, und gemeiniglich blieb einer oder zwei von den Gästen die Nacht über dort, mit Mutter oder Tochter, wie er nun Lust hatte, sich ein Vergnügen zu machen.

Die Marquisin ließ durch einige Bediente diesen Weibspersonen nachspüren, sie wurden ausfindig gemacht und zur Frau von P… – ein Name, den sie sich kaum noch zurückrufen konnten – auf einen Besuch gebeten. Die Frauenzimmer, welche sich zu Paris für eine Madame und Mademoiselle Aisnon ausgaben, nahmen die Einladung mit Vergnügen an. Gleich den andern Morgen fand sich die Mutter bei der Marquisin ein, welche das Gespräch sogleich auf ihre jetzige Lebensart zu lenken wußte.

»Frei heraus, gnädige Frau«, antwortete die Alte, »wir leben von einem Handwerk, das leider sehr wenig einträgt, gefährlich und mißlich und noch obendrein eins von den schimpflichsten ist. Mir selbst ist es noch dazu in den Tod zuwider; aber Not bricht Eisen, wie das Sprichwort sagt. Ich war schon halbwegs entschlossen, meine Tochter bei der Opera anzubringen; aber ihre Stimme taugt höchstens für eine Kammersängerin, und außerdem tanzt sie schlecht. Auch habe ich sie, während meines Prozesses und auch nachher, bei den Vornehmen dieser Stadt, bei den obrigkeitlichen Personen, bei den Pächtern und geistlichen Herren herumgeführt der Reihe nach; aber die Herren, wie das nun geht, akkordierten immer nur auf eine Zeitlang, und am Ende blieb sie mir denn so sitzen. Nicht etwa, meine gnädige Frau, als ob sie nicht schön wäre wie ein Engel – auch fehlt es ihr weder an Verstand noch Manieren; aber der eigentliche Pfiff für das Gewerbe mangelt ihr ganz und gar, und alle die kleinen Kunstgriffchen, die man anwenden muß, das Männervolk in Atem zu halten.«

»Sind Sie denn sehr bekannt hier?« frug die Marquisin.

»Leider Gottes, nur zu sehr!« sagte die Alte.

»Und, wie ich merke, scheinen Sie beide wenig Lust und Liebe zu Ihrem Gewerbe zu haben?«

»Ganz und gar nicht, und am wenigsten meine Tochter, die mir ohne Aufhören in den Ohren liegt, sie davon wegzunehmen oder lieber ums Leben zu bringen. Obendrein hat sie noch ihre melancholischen Stunden, wo sie vollends gar nicht zu brauchen ist.«

»Wenn ich mir also zum Beispiel in den Kopf setzen wollte, ihr Schicksal auf eine glänzende Art zu verbessern, würden Sie mir wohl beide wenig Schwierigkeiten machen?«

»Das meint' ich auch.«

»Aber die Frage ist, ob Sie mir werden versprechen können, allen Vorschriften, die ich für gut finden könnte, Ihnen zu geben, mit der strengsten Genauigkeit nachzuleben.«

»Darauf können Sie zählen, Madame. So hart sie auch sein mögen.«

»Und Ihr Gehorsam ist mir also gewiß, sooft es mir einfallen wird, zu befehlen.«

»Wir werden mit Ungeduld darauf warten.«

»Das ist gut. Jetzt, Madame, gehen Sie nach Hause! Sie sollen gleich meine fernern Verfügungen hören. Unterdessen schaffen Sie alles fort, was Sie an Hausgerät haben; auch Ihre Kleider schaffen Sie fort, die besonders, welche von frecher oder schreiender Farbe sind. Das alles würde mir nur meinen Anschlag vereiteln.«

Jene ging. Frau von P... warf sich in den Wagen und ließ sich in die Vorstädte fahren, welche ihr von der Wohnung der Aisnon am weitesten entlegen schienen. Hier mietete sie nicht weit von der Pfarrkirche eine schlechte Wohnung in einem ehrbaren Bürgershause und ließ solche auf das sparsamste möblieren.

Dahin lud sie die beiden Aisnon, übergab ihnen Haus und Wirtschaft und legte ihnen einen schriftlichen Aufsatz von den Lebensregeln vor, die sie künftighin zu befolgen hatten. Sie waren folgende:

Auf keinen öffentlichen Spaziergang gehen Sie mehr; denn es liegt daran, daß Sie von niemand entdeckt werden!

Sie nehmen keine Besuche an, auch selbst aus Ihrer Nachbarschaft nicht; denn es muß das Ansehen haben, als hätten Sie der Welt gänzlich entsagt!

Gleich von dem morgenden Tag an müssen Sie andächtige Kleider tragen.

Zu Hause werden keine anderen als geistliche Bücher geduldet, daß Sie ja keinem Rückfall sich aussetzen.

Ihrem Gottesdienst müssen Sie jeden Werk- und Feiertag mit brünstigem Eifer obliegen.

Sie müssen dahin trachten, daß Sie sich in das Sprechzimmer dieses oder jenes Klosters Eingang verschaffen. Die Plaudereien der Mönche können von Nutzen für Sie werden.

Mit dem Pfarrherrn und den übrigen Geistlichen müssen Sie genau bekannt werden; der Fall könnte kommen, daß man ein Zeugnis von ihnen verlangte.

Des Monats müssen Sie wenigstens zweimal zur Beichte und zum Abendmahl gehen.

Ihren Familiennamen nehmen Sie wieder an, weil er ehrbarer ist und Nachfrage deswegen geschehen könnte.

Von Zeit zu Zeit streuen Sie kleine Almosen aus; aber ich verbiete Ihnen schlechterdings, welche anzunehmen. Man soll Sie weder für reich noch für dürftig halten.

Zu Hause beschäftigen Sie sich mit Nähen, Stricken, Spinnen und Sticken, und Ihre Arbeiten verkaufen Sie dann in ein Armenhaus.

Ihre Lebensordnung sei äußerst mäßig. Einige schmale Portionen aus dem Gasthaus sind alles, was ich Ihnen erlauben kann.

Die Tochter geht nie ohne die Mutter, die Mutter nie ohne die Tochter aus. Überhaupt, wo Sie Gelegenheit finden, etwas Erbauliches zu tun, ohne daß es Kosten verursacht, so unterlassen Sie es nie.

Aber einmal für allemal: weder Pfaffen, noch Mönche, noch fromme Brüder in Ihren vier Pfählen.

Gehen Sie über die Gasse, so schlagen Sie die Augen jederzeit sittsam zu Boden. In der Kirche sehen Sie nirgend hin als auf Gott.

»Ich will gern glauben, daß diese Einschränkung hart ist. Aber in die Länge kann sie nicht dauern, und die Entschädigung wird außerordentlich sein. Gehen sie nun mit sich selbst zu Rat. Wenn Sie besorgen, daß Ihre

Kräfte diesen Zwang nicht aushalten, so gestehen Sie es jetzt frei heraus. Es kann mich weder beleidigen noch befremden. Ich vergaß vorhin, noch anzumerken, daß es sehr wohlgetan sein würde, wenn Sie sich die Sprache der Mystiker angewöhnten und die Redensarten der Heiligen Schrift recht geläufig machten. Bei jeder Gelegenheit lassen Sie Ihren Groll gegen die Weltweisen aus, und Voltairen erklären Sie für den Antichrist.

Nunmehr leben Sie wohl! Hier in Ihrem Hause werden wir uns schwerlich wiedersehen. Ich bin ja nicht würdig, mit so heiligen Frauen in Gesellschaft zu leben. Doch seien Sie deswegen unbesorgt. Sie sollen mich desto öfter in der Stille besuchen, und dann wollen wir das Verlorene bei verschlossenen Türen hereinbringen.

Aber, um was ich Sie bitte – sehen Sie ja zu, daß Sie mir über dem Heiligtum nicht im Ernst heilig werden. Die Auslage für Ihre kleine Wirtschaft wird meine Sorge sein. Glückt unser Anschlag, so bedürfen Sie meines Beistands nicht wieder. Sollte er, ohne Ihre Verschuldung, mißlingen, so habe ich Vermögen genug, Ihr Schicksal erträglich zu machen und unendlich erträglicher, als dasjenige war, dem Sie jetzt mir zu Gefallen entsagen. Aber vor allen Dingen – Gehorsam, blinden, unumschränkten Gehorsam gegen meine Befehle, oder ich kann Ihnen weder für jetzt noch fürs Künftige stehen.«

Unter der Zeit, daß unsre zwo Andächtigen nach Vorschrift die Welt erbauten und der gute Geruch ihrer Heiligkeit sich ringsum verbreitete, fuhr Frau von P… nach ihrer Gewohnheit fort, jeden äußerlichen Schein von Achtung und vertraulicher Freundschaft gegen den

Marquis zu beobachten. – Willkommen, sooft er sich sehen ließ, nie mürrisch oder ungleich von ihr empfangen, selbst dann nicht, wenn er sich lange hatte vermissen lassen, kramte er alle seine kleinen Abenteuer bei ihr aus, welche sie mit der unbefangensten Lustigkeit anhörte. In jeder Verlegenheit schenkte sie ihm ihre Teilnehmung, ihren Rat – unter der Hand ließ sie auch ein Wort von Verheiratung fallen, jedoch immer mit dem Tone der uneigennützigsten Freundschaft, der auf sie selbst nicht die geringste Beziehung zu haben schien. Wandelte es den Marquis in gewissen Augenblicken an, galant gegen sie zu sein und ihr etwas Schmeichelhaftes zu erweisen – Dinge, worüber man bei Frauenzimmern von so genauer Bekanntschaft sich nie ganz hinwegsetzen kann – so antwortete sie mit einem Lächeln oder schien gar nicht einmal darauf merken zu wollen. Ein Freund wie er, behauptete sie dann, reiche zur Glückseligkeit ihres Lebens hin – ihre erste Jugend wäre vorüber, ihre Leidenschaften ausgelöscht.

»Wie, Madame!« antwortete er voll Verwunderung, »Sie sollten mir also nichts mehr zu beichten haben?«

»Nicht das mindeste mehr.«

»Auch von dem kleinen Grafen nichts, der mir sonst so gefährlich war?«

»Diesem habe ich meine Türe verschlossen. Ich seh' ihn nimmermehr.«

»Das ist aber wunderlich, Madame, und warum denn?«

»Weil er mir zuwider ist.«

»Gestehen Sie, Madame. Gestehen Sie! Ich lese in Ihrem Herzen. Sie lieben mich noch immer?«

»Das könnte wohl sein.«

»Und zählen auf meine Wiederkehr?«

»Warum sollt' ich nicht dürfen?«

»Und wenn mir also das Glück – oder das Unglück? – begegnete, rückfällig in meiner Liebe zu werden, würden Sie sich ohne Zweifel nicht wenig darauf zugute tun, über meine vorige Unart einen Schleier zu ziehen?«

»Sie haben eine große Meinung von meiner Gefälligkeit.«

»O Madame, nach dem, was Sie bereits schon getan haben, traue ich Ihnen jede Heldentat zu.«

»Das soll mir unendlich lieb sein.«

»Auf Ehre, Madame, Sie sind eine gefährliche Frau. Das ist ausgemacht.«

So standen die Sachen noch, als schon der dritte Monat verstrichen war. Endlich glaubte die Dame, daß der Zeitpunkt erschienen sei, ihre Federn einmal spielen zu lassen. An einem schönen Sommertag, wo der Marquis bei ihr zu Mittag erwartet wurde, befahl sie den beiden Aisnon, im königlichen Garten spazierenzugehen. Der Marquis erschien bei der Tafel, man trug früher auf als gewöhnlich, man speiste kostbarer, die Unterhaltung war die munterste. Nach Tische brachte die Dame einen kleinen Spaziergang in Vorschlag, wenn anders der Marquis nichts Wichtigeres darüber versäumte. Es traf sich gerade, daß an ebendem Tag weder Schauspiel noch Opera war. Dies gab Gelegenheit, daß der Marquis zuerst auf den Einfall kam, das königliche Kabinett zu besehen. Nichts konnte der Dame willkommener sein. Die Bestellung wird gemacht ohne Zeitverlust. Die Pferde sind vorgespannt. Man wirft sich in den Wagen.

Man eilt nach dem Garten und findet sich auf einmal in einem Gedränge von Welt, begafft alles und sieht nichts, wie das gemeiniglich zu geschehen pflegt.

Nachdem beide das königliche Kabinett verlassen hatten, mischten sie sich unter die andern Spazierenden. Der Weg führte sie durch eine Allee nach der Baumschule, wo Frau von P… auf einmal ein lautes Geschrei erhob. – »Sind sie's? Sie sind's! Nein, ich täusche mich nicht! Es sind wirklich dieselben!« – Und mit den Worten entspringt sie dem Marquis und fliegt unsern beiden frommen Schwestern entgegen. Die junge Aisnon war heute zum Bezaubern, der bescheidene Anzug erlaubte es den Blicken, ganz in das Anschauen der Person hinzuschmelzen. –

»Ah! sind Sie es, Madame?«

»Ich bin's. Ja freilich. Und wie leben Sie denn? Und wie ist es Ihnen die ganze lange Ewigkeit her ergangen?«

»Sie wissen unser Unglück, Madame. Was war zu tun? Wir haben uns eingeschränkt, haben uns nach der Decke gestreckt, weil wir mußten, und einer Welt Lebewohl gesagt, in welcher wir mit dem vorigen Anstand nicht mehr auftreten konnten.«

»Aber mich zu verlassen, mich, die doch auch nicht mehr zu der Welt gehört und sie nachgerade so abgeschmackt findet, als sie es auch in der Tat ist! Das war nicht artig, meine Kinder.«

»Mißtrauen, gnädige Frau, ist von jeher die Begleitung des Unglücks gewesen. Die Unwürdigen fürchten so gern, überlästig zu sein –«

»Überlästig? Sie mir? Wissen Sie auch, daß ich Ihnen das mein Leben lang nicht mehr vergeben werde?«

»Mir geben Sie die Schuld nicht, gnädige Frau! Wohl hundertmal habe ich die Mama an Sie erinnert. Aber da hieß es immer: Frau von P…? Laß es gut sein, meine Tochter! An uns denkt kein Mensch mehr.«

»Wie ungerecht! Aber setzen wir uns! Lassen Sie uns den Handel gleich auf der Stelle ausmachen. – Hier, meine Freundinnen. Der Marquis von A…, ein sehr guter Freund von mir, und der uns nicht im mindesten stören wird. – Aber sieh doch, wie Mademoiselle groß geworden ist, wie schön, seitdem wir uns das letzte Mal sahen!«

»Das danken wir unsrer Armut, Madame, die wenigstens unsere Gesundheit behütet. Schauen Sie ihr in die Augen, betrachten Sie diese Arme. Das können Ordnung und Mäßigkeit, Schlaf und Arbeit und ein gutes Gewissen, und das ist auch nichts Kleines, gnädige Frau.«

Man setzte sich, man plauderte vertraulich zusammen. Die ältere Aisnon sprach gut, die jüngere wenig. Beide beobachteten den Ton der geistlichen Demut, doch ohne sich zu zieren oder zu übertreiben. Lange vorher, ehe es noch Abend wurde, machten die beiden frommen Schwestern den Aufbruch. Man drang in sie, zu bleiben – man stellte vor, daß es noch hoch am Tage wäre; aber die Mutter lispelte der Marquisin – ziemlich laut, versteht sich – in das Ohr, daß sie noch eine Andachtsübung zu verrichten hätten, die sie niemals versäumten. Sie waren schon eine ziemliche Strecke voneinander, als Frau von P… sich auf einmal besann, nicht nach ihrer Wohnung gefragt zu haben. Gleich sprengte der Marquis zurück, dieses Versehen wieder gutzumachen. Die Adresse der gnädigen Frau ward mit Bereitwilligkeit angenommen; aber alle Bemühungen des Marquis waren umsonst, die ihrige zu erfragen. Er hatte nicht einmal den Mut, ihnen seinen Wagen anzubieten – ein Umstand, der ihm doch, wie er der Frau von P… nachher selbst gestand, oft genug auf der Zunge schwebte.

Sein erstes war, daß er sich bei der Marquisin umständlicher erkundigte, wer denn eigentlich diese Frauenzimmer wären. – »Zwei Geschöpfe«, war die Antwort, »die wenigstens glücklicher sind als Sie und ich. Sahen Sie die blühende Gesundheit? die Heiterkeit auf ihrem Angesicht? die Unschuld, die Sittsamkeit in ihren Reden? Dergleichen erlebt man nicht, sieht man nicht, hört man in unsern Zirkeln nicht. Wir bedauern die Andächtigen, die Andächtigen bedauern uns, und am Ende – wer weiß, ob sie unrecht haben?«

»Aber ich bitte Sie, Madame – Sie werden doch nicht selbst eine Betschwester werden wollen?«

»Warum das nicht?«

»Ich beschwöre Sie, Madame – ich will doch nicht hoffen, daß unser Bruch, wenn es ja einer sein soll, Sie bis zu der Raserei führen werde?«

»Also sähen Sie es lieber, wenn ich dem kleinen Grafen meine Türe wieder öffnete?«

»Tausendmal lieber.«

»Und rieten mir's am Ende wohl noch selbst an?«

»Ohne Bedenken.«

Frau von P… erzählte dem Marquis, was sie von dem Herkommen und den Schicksalen ihrer Freundinnen wußte, und mischte so viel Interesse, als nur möglich war, in diese Geschichte. Endlich setzte sie hinzu:

»Sie finden hier zwo weibliche Geschöpfe, wie man wenige finden wird, vorzüglich aber die Tochter. Eine Gestalt, wie das Mädchen sie hat, sehen Sie selbst ein, würde ihre Besitzerin zu Paris nie Not leiden lassen, wenn sie Lust hätte, Gebrauch davon zu machen. Aber diese Frauenzimmer haben eine ehrenvolle Dürftigkeit einem schimpflichen Überfluß vorgezogen. Der Rest ihres Vermögens ist so klein, daß ich bis diese Stunde nicht begreifen kann, wie sie nur damit auskommen mögen. Da ist Tag und Nacht zu tun. Armut ertragen, wenn man arm geboren worden, ist eine Tugend, deren tausend Menschen fähig sind – aber von dem höchsten Überflüsse plötzlich zur höchsten Notdurft heruntersinken und zufrieden sein und sich obendrein noch glücklich schätzen, ist eine Erscheinung, die ich nimmermehr erklären kann. – Sehen Sie, Marquis, so etwas kann nur die Religion. Die Weltweisen haben gut schwatzen. Die Religion ist etwas Herrliches. – Für den Unglücklichen ganz gewiß.«

»Und wer ist das nicht – mehr oder weniger – früher oder später?«

»Ich will sterben, Marquisin, wenn Sie nicht noch eine Heilige werden.«

»Als wenn das Unheil so entsetzlich wäre! Wie wenig bedeutet mir dies Leben, wenn ich es mit einer ewigen Zukunft auf die Waage lege?«

»Aber Sie reden ja schon wie ein Apostel.«

»Ich rede wie eine Überzeugte. Wie, mein lieber Marquis, antworten Sie mir doch einmal – aber wahr und ohne Rückhalt! Wenn uns die Freuden und Schrecken jener Welt lebhafter vorschwebten, wie klein würden die

Reichtümer dieser Erde vor unsern Augen zusammenschrumpfen? – Wer sonst als ein Rasender würde Lust bekommen, ein junges Mädchen oder eine liebende Gattin an der Seite ihres Gemahls zu verführen, wenn der Gedanke ihn anwandelte: ich kann in ihrer Umarmung sterben und ewig verdammt sein?«

»Und doch ist dies etwas Alltägliches.«

»Weil man nicht mehr an Gott glaubt, weil man von Sinnen ist.«

»Oder, Madame, weil unsre Sitten mit unsrer Religion nichts zu schaffen haben. Aber, liebe Marquisin, wie kommen Sie mir vor? Sie tummeln sich ja über Hals und Kopf zu dem Beichtstuhl?«

»Ich sollte freilich wohl etwas Klügeres tun.«

»Gehen Sie, Sie sind eine Närrin. Sie haben noch schöne zwanzig Jahre ganz allerliebst wegzusündigen. Lassen Sie die erst genossen sein, und dann bereuen Sie meinethalben oder prahlen damit bei Ihrem Beichtiger. – Aber unser Gespräch hat eine so schwermütige Wendung genommen. Ihre Phantasie, Madame, wird ganz unerträglich finster, und das kommt, bei meiner Ehre, von nichts als dem abscheulichen Klosterleben. Folgen Sie mir, Madame, – lassen Sie den kleinen Grafen wieder zurückkommen, und ich verwette Seligkeit und Seele, Sie sehen weder Hölle noch Teufel mehr und sind auf einmal wieder liebenswürdig wie zuvor. Fürchten Sie etwa, daß ich Ihnen ein Verbrechen daraus machen möchte, wenn es mit uns wieder auf den alten Fuß kommen sollte? – Es könnte aber nun nie mehr dahin kommen; dann hätten Sie sich ja, einem eigensinnigen Traum zu Gefallen, um die süßeste Zeit Ihres

Lebens betrogen – und – soll ich's gerade heraussagen, Madame? – der Triumph, es mir zuvorgetan zu haben, ist soviel Aufopferung nicht einmal wert.«

Noch einige Gänge durch die Allee, und sie stiegen wieder in den Wagen. Eine Weile darauf fing Frau von P… von neuem an:

»Wie einen das doch alt machen kann! Es denkt mir noch, wie das nicht viel höher war als ein Kohlhaupt, als es zum ersten Mal nach Paris kam.«

»Sie meinen das junge Frauenzimmer, das uns vorhin mit ihrer Mutter begegnete?«

»Das nämliche. Sehen Sie, Marquis, das erinnert mich an einen Garten, wo frische Rosen immer die verwelkten ablösen. Haben Sie sie auch recht ins Aug' gefaßt?«

»Ich habe nicht ermangelt.«

»Nun – und was halten Sie von ihr?«

»Es ist der Kopf einer Mutter Gottes von Raphael, auf den Leib seiner Galathee gestellt. – Oh, und die unaussprechlich melodische Stimme –«

»Und die Bescheidenheit im Auge!«

»Und der Anstand, die Grazie in jeder Gebärde!«

»Und die Würde ihres Vortrags, die man doch sonst an keinem Mädchen ihresgleichen findet. Sehen Sie, was eine gute Erziehung tut!«

»Ja, wenn die Anlage schon so trefflich ist.«

Der Marquis brachte Frau von P… nach Hause. Diese konnte es kaum erwarten, ihren beiden Kreaturen die Zufriedenheit zu bezeugen, welche sie über die glückliche Eröffnung des Possenspiels empfand.

Von dieser Zeit fing der Marquis an, seine Besuche bei der Dame zu verdoppeln. Sie schien es nicht bemerken zu wollen. Niemals leitete sie das Gespräch auf die beiden Frauenzimmer, er mußte immer zuerst davon anfangen, und dieses tat er auch mit Ungeduld – doch zugleich mit einer künstlichen Gleichgültigkeit, welche ihm aber immer verunglückte.

»Sahen Sie heute Ihre zwo Freundinnen?«

»Nein.«

»Wissen Sie aber, daß Sie gar nicht artig sind, meine gnädige Frau? – Sie haben Vermögen; diese zwo Frauenzimmer leiden Mangel, und Sie sind nicht einmal so höflich, ihnen zuweilen Ihren Tisch anzubieten?«

»Ich hätte doch gemeint, der Marquis von A… sollte sich mit meiner Denkungsart besser bekannt gemacht haben. Vor Zeiten wohl mochte die Liebe mir hie und da eine Tugend borgen; jetzt aber hilft mir die Freundschaft nur mit Schwachheiten aus. Wohl zehnmal habe ich sie indessen zu Tische bitten lassen; aber immer schlugen sie es aus. Sie haben ihre besondern Gründe, mein Haus zu meiden, und wenn ich ihnen einen Besuch gebe, so tut es not, daß ich meinen Wagen am Ende der Gasse halten lasse und zuvor Schmuck und Schminke und jede Kostbarkeit von mir lege. Wundern Sie sich über diese grillenfängerische Behutsamkeit nicht! Eine zweideutige Auslegung könnte nur gar zu leicht den guten Willen ihrer Wohltäter abkühlen. Heutzutage, Marquis, gehört viel dazu, Gutes zu tun.«

»Bei den Frommen besonders.«

»Wo der geringste Vorwand davon lossprechen kann. Erführe man, daß ich mich hineinmischte, gleich würde es heißen: Frau von P… ist ihre Gönnerin – sie brauchen keine Beisteuer mehr – und die Almosen hören auf.«

»Was? die Almosen?«

»Ja, mein Herr, die Almosen.«

»Diese Frauenzimmer sind Ihre Bekannten und leben von Almosen?«

»Dacht' ich's doch! – Lieber Marquis, da seh' ich's ja deutlich, daß Sie aufgehört haben, mich zu lieben. Mit Ihrer Zärtlichkeit hab' ich ein gutes Teil Ihrer Achtung zugleich verloren. Wer sagt Ihnen denn, daß die Schuld mein sein muß, wenn diese Frauenzimmer vom Opfergeld leben?«

»Verzeihung, Madame! Ich war voreilig. Ich bitte tausendmal um Verzeihung. Aber was für Ursachen hätten sie denn, den Beistand einer guten Freundin auszuschlagen?«

»O mein lieber Marquis, wir Weltkinder verstehen uns auf die wunderlichen Bedenklichkeiten der Heiligen nicht. Sie halten es nicht für schicklich, Wohltaten von fremder Hand ohne Unterschied anzunehmen.«

»Aber da berauben sie uns ja des einzigen Mittels, unsere unsinnigen Verschwendungen hie und da wieder gutzumachen.«

»Das seh' ich nicht ab. Gesetzt, daß der Marquis von A… das Schicksal dieser zwo Geschöpfe zu Herzen nähme, könnte er seine Gaben nicht durch würdigere Hände an sie gelangen lassen?«

»Würdigere – nicht wahr? und desto weniger sichere?«

»Das könnte wohl sein.«

»Was meinen Sie, Madame – wenn ich ihnen zum Beispiel ein zwanzig Louis schicken wollte – würde man mein Geschenk wohl zurückweisen?«

»Nichts gewisser – und Ihnen, mein lieber Marquis, würde ein solcher Eigensinn bei der Mutter eines so schönen Kindes ohne Zweifel übel angebracht scheinen?«

»Glauben Sie, daß ich in Versuchung war, hinzugehen?«

»O ja, sehr gerne – Marquis, Marquis! seien Sie auf Ihrer Hut! Es regt sich ein Mitleid in Ihrem Herzen, das mir sehr unerwartet und verdächtig scheint.«

»Mag's – aber sagen Sie mir, hätte man meinen Besuch angenommen?«

»Zuverlässig nicht. Schon der Glanz Ihrer Equipage, die Pracht Ihrer Kleider, das Aufsehen von Bedienten, der Anblick eines schönen jungen Mannes – mehr hätte es nicht gebraucht, um die ganze Nachbarschaft in Alarm zu bringen und die armen Unschuldigen zugrund zu richten.«

»Sie tun mir weh, Madame; denn auf meine Ehre, das waren meine Absichten nicht. Also muß ich mir das Vergnügen versagen, sie zu sehen und ihnen Gutes zu tun.«

»So scheint es.«

»Aber wenn ich meine Geschenke durch Ihre Hand gehen ließe?«

»Ich mag mich zu einer Wohltätigkeit nicht hergeben, die so zweideutig aussieht.«

»Das ist aber ja ganz abscheulich.«

»Abscheulich! Sie haben ganz recht.«

»Was für Einbildungen! Ich glaube, Sie wollen mich foppen, Madame? – Ein junges Mädchen, das ich in meinem Leben einmal gesehen habe –«

»Nehmen Sie sich in acht, sag' ich Ihnen! Sie sind auf dem Wege, sich unglücklich zu machen. Lassen Sie mich lieber jetzt Ihren Schutzengel als nachher Ihre Trösterin sein. – Meinen Sie etwa, daß Sie es hier mit Kreaturen zu tun haben, wie Sie deren sonst kennenlernten? – Verwechseln Sie nichts, guter Marquis! Frauenzimmer wie diese versucht man nicht – überrumpelt man nicht – erobert man nicht. Sie verstehen den Wink nicht. Sie laufen nicht in die Falle.«

Auf einmal besann sich der Marquis, daß er noch etwas Drängendes zu verrichten habe. Er stand mit Ungestüm auf und ging mürrisch aus dem Zimmer.

Viele Wochen lang dauerte das fort. Der Marquis ließ keinen Tag verstreichen, ohne Frau von P… zu sehen; aber er kam, warf sich in den Sofa, gab keinen Laut von sich; Frau von P… führte das Wort allein; der Marquis blieb eine Viertelstunde und verschwand. Endlich blieb er einen ganzen Monat aus dem Hause. Nach Verfluß dessen zeigte er sich wieder, aber schwermutsvoll und zugerichtet wie eine Leiche. Frau von P… erschrak bei seinem Anblick.

»Wie sehen Sie aus, Marquis? Woher kommen Sie? – Haben Sie diese ganze Zeit über an Ketten gelegen?«

»Schier so, bei Gott! – Aus Verzweiflung stürzt' ich mich in das abscheulichste Schlaraffenleben.«

»Wie das? Aus Verzweiflung?«

»Nicht anders, Madame – aus Verzweiflung.«

Mit den Worten lief er hastig durch das Zimmer, dahin, dorthin, trat er an ein Fenster, blickte nach den Wolken, kam zurück, blieb auf einmal vor ihr stehen, ging zur Tür, rufte einen seiner Leute, hieß ihn wieder gehen, stellte sich aufs neue vor die Dame, wollte reden, aber konnte nicht. – Frau von P… saß mittlerweile still an ihrem Arbeitstisch, ohne ihn bemerken zu wollen. Endlich hatte sie Erbarmen mit seinem Zustand und fing an:

»Was haben Sie denn, Marquis? Einen ganzen Monat lang sieht man Sie nicht, und nun kommen Sie und sehen aus wie einer, der dem Leichentuch entsprungen ist, und treiben sich herum wie eine Seele im Fegfeuer!«

»Ich halt' es nicht länger aus. Ich will – ich muß – Sie sollen alles hören. Jenes Mädchen, die Tochter Ihrer Freundin, – oh, sie hat eine tiefe Wirkung auf mein Herz gemacht. Alles, alles hab' ich angewandt, sie zu vergessen, doch umsonst! Je mehr ich sie bekämpfte, desto tiefer grub sich die Erinnerung. Dieser Engel hat mich ganz dahin. – Sie müssen mir einen großen Dienst erweisen.«

»Nun?«

»Es ist umsonst. Ich muß – ich muß sie wiedersehen, und Ihnen, oh, nur Ihnen kann ich das zu danken haben. Ich habe meine Bedienten in fremde Kleider gesteckt – ich habe ihnen auflauern lassen. Ihr ganzer Aus- und Eingang ist in die Kirche und aus der Kirche, aus ihrem Hause und in ihr Haus zurück. Zehenmal hab' ich mich ihnen zu Fuß in den Weg gestellt, sie haben mich auch nicht einmal eines Blicks gewürdigt. Unter ihre Haustüre habe ich mich vergebens gepflanzt. Sie zu vergessen, bin ich auf eine Zeitlang der liederlichste Bube geworden – ihnen zu gefallen, wieder fromm und heilig wie ein Märtyrer, und fünfzehn Tage hat mich keine Messe vermißt. – Oh, welche Gestalt, meine Freundin! wie reizend! wie unaussprechlich schön!«

Frau von P… war von allem unterrichtet. – »Das heißt«, gab sie dem Marquis zur Antwort, »Sie haben alles angewandt, um gescheit zu werden, und nichts unterlassen, um ein Narr zu sein, und das letztere ist Ihnen gelungen.«

»Oh, ganz recht! gelungen, und in einem fürchterlichen Grade. Werden Sie mich bedauern, Madame? Werden Sie mir die Seligkeit verschaffen, diesen Engel wiederzusehen?«

»Die Sache will Überlegung – ich werde sie schlechterdings nicht übernehmen, Sie versprechen mir denn auf das Heiligste, diese arme Unglückliche in Ruhe zu lassen und Ihre Verfolgungen aufzugeben. Auch will ich Ihnen nicht verhehlen, Marquis, daß man sich sehr empfindlich über Ihre Zudringlichkeit gegen mich schon geäußert hat. – Wollen Sie diesen Brief ansehen?«

Der Brief, den man dem Marquis hier in die Hände spielte, war unter den drei Frauenzimmern verabredet. Es mußte das Ansehen haben, als hätte die jüngere Aisnon ihn auf ausdrücklichen Befehl ihrer Mutter geschrieben. Zugleich unterließ man nicht, so viel Edles und Zärtliches, so viel Geist und Geschmack einzuweben, als nötig war, dem Marquis den Kopf zu verrücken. Auch begleitete er jeden Gedanken mit einem Freudenruf, jedes Wort las er wieder, und Tränen der Entzückung flössen aus seinen Augen.

»Gestehen Sie nun selbst, daß man nicht göttlicher schreiben kann! O Madame, ich verehre das Frauenzimmer, das so schreibt und empfindet.«

»Das ist auch Ihre Pflicht.«

»Ich will Ihnen Wort halten, ich schwöre es Ihnen; aber ich bitte Sie, ich beschwöre Sie, tun Sie ein Gleiches.«

»Wahrlich, Marquis, ich komme mir bald als der größere Narr von uns beiden vor. Es ist nicht anders – Sie müssen eine unumschränkte Gewalt über mich haben, und das erschreckt mich.«

»Wann seh ich sie also?«

»Das kann ich Ihnen jetzt noch nicht sagen. Vor allen Dingen muß man es so vorbereiten, daß kein Verdacht dabei aufsteigt. Die Frauenzimmer wissen um Ihre Leidenschaft – überlegen Sie selbst, in welchem Lichte meine Freundschaft erscheinen würde, wenn sie nur entfernt auf den Argwohn kämen, daß ich mit Ihnen einverstanden sei. – Aber, offenherzig, lieber Marquis – wofür auch die ganze Verlegenheit? Was geht das mich an, ob Sie lieben oder nicht lieben? ob Sie ein Tor sind oder ein Kluger? – Lösen Sie selbst Ihren Knoten auf! Die Rolle, die Sie mich wollen spielen lassen, ist wahrlich auch sehr sonderbar.«

»Ich bin verloren, meine Beste, wenn Sie mich im Stich lassen. Ich will mich selbst nicht in Anschlag bringen – ich weiß, daß es Sie nur beleidigen würde – aber bei diesen teuren, diesen guten, himmlischen Geschöpfen will ich Sie beschwören – Sie kennen mich, Madame. Bewahren Sie sie vor den Rasereien, die ich auszuhecken fähig bin. Ich werde zu ihnen gehen – ja, beim großen Gott, das werd' ich, ich habe Sie gewarnt – ich werde ihre Türe sprengen, mit Gewalt werde ich hineintreten, ich werde mich niedersetzen, ich werde sagen, ich werde – oh, weiß ich denn, was ich sagen will, was ich tun will? – aber in dieser Lage meines Herzens bin ich fürchterlich!«

Jedes dieser Worte war ein Dolchstoß in das Herz der Frau von P… Sie erstickte von Unwillen in innerlicher Wut, und mit Stottern redete sie weiter:

»Ganz kann ich Ihre Heftigkeit nicht tadeln. – Aber – Ja! wenn ich – ich mit dieser Leidenschaft geliebt worden wäre. – Vielleicht – doch genug davon. Für Sie wollt' ich eigentlich ja auch nicht handeln, nur hoffe ich, daß mein Herr Marquis mir wenigstens Zeit lassen werde.«

»Die kürzeste, die nur möglich ist.«

»Oh, ich leide«, rief die Dame, als er weg war, »ich leide schrecklich; aber ich leide nicht allein. Abscheulichster der Menschen! noch zwar ist es ungewiß, wie lang diese meine Qual noch dauert; aber ewig, ewig, ewig soll die deine währen.«

Einen ganzen Monat lang wußte sie den Marquis in der Erwartung der versprochenen Zusammenkunft hinzuhalten. Während dieser Zeit hatte er volle Muße, sich abzuhärmen, zu berauschen und seine Leidenschaft in Unterredungen mit ihr noch mehr anzufeuern. Er erkundigte sich nach dem Vaterland, dem Herkommen, der Erziehung und den Schicksalen dieser Frauenzimmer und erfuhr immer noch zu wenig und frug immer wieder und ließ sich immer von neuem unterrichten und dahinreißen. Die Marquisin war schelmisch genug, ihn jeden Fortschritt seiner Leidenschaft bemerken zu lassen, und unter dem Vorwand, ihn zurückzuschrecken, gewöhnte sie ihn unvermerkt an den verzweifelten Ausgang dieses Romans, den sie ihm bereitet hatte.

»Sehen Sie sich vor«, sprach sie, »das könnte Sie weiter führen, als Sie wünschen – es können Zeiten kommen, wo meine Freundschaft, die Sie jetzt so unerhört mißbrauchen, weder vor mir selbst noch vor der Welt mich entschuldigen dürfte. Freilich wohl geht kein Tag vorüber, daß nicht irgendeine rasende Posse unter dem Monde zustande käme; aber ich fürchte, Marquis, ich fürchte fast, daß dieses Frauenzimmer niemals oder nur unter Bedingungen Ihre wird, die bis hierher wenigstens ganz und gar nicht nach Ihrem Geschmacke waren.«

Nachdem Frau von P… den Marquis zu ihrem Vorhaben hinlänglich zubereitet fand, kartete sie es mit den beiden Aisnon ab, einen Mittag bei ihr zu speisen, und mit dem Marquis redete sie ab, sie in Reisekleidern da zu überfallen, welches auch zustande kam.

Man war eben am zweiten Gang, als der Marquis sich melden ließ. Er, Frau von P… und beide Aisnon spielten die Rolle der Bestürzung meisterlich.

»Madame«, sagte er zur Frau von P…, »ich komme soeben von meinen Gütern an; es ist zu spät, daß ich jetzt noch nach Hause gehe, wo man sich schwerlich auf mich gerichtet hat. Ich hoffe, daß Sie mir erlauben werden, Ihr Gast zu sein.«

Unter diesen Worten holte er sich einen Sessel und nahm an der Tafel seinen Platz. Die Einteilung war so gemacht, daß er neben die Mutter und der Tochter gegenüber zu sitzen kam – eine Aufmerksamkeit, wofür er der Frau von P… mit einem verstohlenen Wink der Augen dankte. Beide Frauenzimmer hatten sich von der ersten Verlegenheit erholt. Man fing an zu plaudern, man ward sogar aufgeräumt; der Marquis behandelte die Mutter mit der vorzüglichsten Aufmerksamkeit und die Tochter mit der feinsten Höflichkeit und Schonung. Für die drei Frauenzimmer war es der possierlichste Auftritt, die Ängstlichkeit anzusehen, mit welcher der Marquis alles vermied, was sie nur entfernt hätte in Verlegenheit setzen können. Sie waren boshaft genug, ihn drei ganze Stunden lang gottselig schwatzen zu lassen, und zuletzt sagte Frau von P… zu ihm: »Ihre Gespräche, Marquis, machen Ihren Eltern unendlich viel Ehre. Die Eindrücke der ersten Kindheit erlöschen doch nie. Wahrhaftig, Sie sind so tief in die Geheimnisse der geistlichen Liebe gedrungen, daß man vermuten muß, Sie wären Ihr Leben lang in Klöstern gewesen. – Waren Sie nie in Versuchung, ein Quietist zu werden?«

»Nie, daß ich mich erinnern könnte, Madame.«

Es braucht nicht erst gesagt zu werden, daß unsre beiden Andächtigen die Unterhaltung mit allem Witz, aller Feinheit, aller verführerischen Grazie würzten. Nur im Vorübergehen berührte man das Kapitel von Leidenschaften, und Mademoiselle Duquenoi – das war ihr Familienname – wollte behaupten, daß es nur eine gefährliche gebe. Dieser Meinung stimmte der Marquis von ganzem Herzen bei. Zwischen sechs und sieben brachen die beiden Frauenzimmer auf. Jeder Versuch, sie länger dazubehalten, war fruchtlos. Frau von P… und die Mutter Duquenoi taten den Ausspruch, daß das Vergnügen der Pflicht weichen müsse, wenn nicht ein jeder Tag mit Gewissensbissen sich endigen sollte. Beide also gingen zum großen Verdruß des Marquis nach Hause, und er sähe sich jetzt wieder mit Frau von P… unter vier Augen allein.

»Nun, Marquis! Bin ich nicht eine gute Närrin? – Zeigen Sie mir die Frau zu Paris, die etwas Ähnliches täte!«

»Nein, Madame, nein! Nein!« – und hier warf er sich ihr zu Füßen – »die ganze Welt hat Ihresgleichen nicht mehr. Ihre Großmut beschämt mich. Sie sind die einzige wahre Freundin, die auf dieser Erde zu finden ist.«

»Sind Sie auch sicher, Marquis, daß Sie mein heutiges Verfahren stets so beurteilen werden?«

»Ein Ungeheuer von Undank müßt' ich sein, wenn ich je meine Meinung veränderte.«

»Also von etwas anderem. – Wie steht's jetzt mit Ihrem Herzen?«

»Soll ich es Ihnen frei heraussagen? – Dieses Mädchen muß meine sein, oder ich bin verloren.«

»Allerdings muß sie das, aber um welchen Preis, ist die Frage.«

»Wir wollen sehen.«

»Marquis, Marquis! ich kenne Sie, ich kenne diese Leute. Der ganze Streich kann verraten werden.«

Zwei Monate lang erschien der Marquis nicht wieder; unterdessen war er tätiger als je. Er hing sich an den Beichtvater der beiden Duquenoi, die Angelegenheit seiner Wollust durch die Allgewalt der Religion zu betreiben. Dieser Pfaffe, verschmitzt genug, jede Schwierigkeit zu heucheln, welche die Heiligkeit seiner Lehre diesem niederträchtigen Anschlag entgegensetzte, verkaufte die Würde seines Amtes so teuer, als möglich war, und gab sich endlich für die Gebühren zu allem her, was der Marquis ihm zumutete.

Die erste Büberei, die der Mann Gottes sich erlaubte, bestand darin, beiden Andächtigen die Wohltaten der

Gemeinde zu entziehen und dem Pfarrherrn des Kirchsprengels vorzuspiegeln, daß die Schutzergebenen der Frau von P… sich widerrechtlich ein Almosen zueigneten, dessen andere Mitglieder der Gemeinde weit bedürftiger wären. Seine Absicht ging dahin, ihre standhafte Tugend durch die Not aufzureiben.

Weiter arbeitete er im Beichtstuhl daran, Uneinigkeit zwischen Mutter und Tochter zu stiften. Wenn die Mutter die Tochter bei ihm verklagte, so wußte er die Verschuldigungen der letztern immer größer zu machen und die Erbitterung der ersten noch mehr anzureizen. Klagte die Jüngere, so gab er nicht undeutlich zu verstehen, daß die elterliche Gewalt ihre Grenzen habe, und wenn die Verfolgungen der Mutter nicht nachlassen würden, so könnte die heilige Kirche für nötig finden, sie der mütterlichen Tyrannei zu entreißen. Einstweilen legte er ihr die Buße auf, fleißiger zur Beichte zu kommen.

Ein andermal lenkte er das Gespräch auf ihre Gestalt und behauptete, daß das gefährlichste Geschenk, so der Himmel einem Weib nur verleihen könnte, Schönheit sei. Unter der Hand ließ er ein Wörtchen von einem sichern Biedermann fallen, der sich davon habe hinreißen lassen, den er zwar nicht mit Namen nannte, aber handgreiflich genug zu bezeichnen wußte. Von da kam er auf die unendliche Barmherzigkeit Gottes zu reden und auf die unüberschwengliche Langmut des Himmels gegen gewisse Menschlichkeiten, die das Erbteil des Fleisches wären – auf die gewaltige Herrschaft gewisser Begierden, denen auch die heiligsten unter den Menschen nicht ganz entlaufen könnten. Dann frug er sie, ob in ihrem Herzen noch keine Wünsche sich regten? – ob sie nicht zuweilen Wallungen spürte? – ob sie nicht sichere Träume hätte? – ob die Gegenwart von Mannspersonen nicht irgendeinen Unfug da oder dort bei ihr anrichtete? Darauf warf er die Frage auf, ob sich ein Frauenzimmer der Leidenschaft eines Mannes widersetzen oder lieber preisgeben solle? ob es zu wagen wäre, einen Menschen sterben zu lassen, für welchen doch das kostbare Blut des Erlösers so gut als für jeden andern geflossen sei? Und diese Frage getraute er sich nicht zu beantworten. Er beschloß mit einem tiefen und heiligen Seufzer, drehte seine Augen zum Himmel und betete – für die Seelen im Fegfeuer. Die junge Duquenoi ließ ihn seiner Wege gehen und hinterbrachte dies alles treulich ihrer Mutter und der Frau von P…, welche ihr noch immer mehr Geständnisse einbliesen, dem frommen Heiligen desto mehr Herz einzujagen.

Sie erwarteten nun nichts Gewisseres, als daß der Mann Gottes über kurz oder lang sich brauchen lassen würde, seiner geistlichen Tochter einen Liebesbrief zuzustellen, und diese Vermutung traf glücklich ein. Aber wie behutsam griff er das an! – Erst wußte er eigentlich selbst nicht, aus wessen Händen er käme – er zweifelte keineswegs, daß irgendeine mitleidige Seele in seiner Gemeinde unter der Decke stecke, die, von ihrem Elend gerührt, sich würde erboten haben, ihnen Beistand zu leisten. Dergleichen Aufträge hatte er schon öfters zu übernehmen gehabt.

»Im übrigen, Mademoiselle«, fuhr er jetzt fort, »werden Sie vorsichtig handeln. Ihre Frau Mutter ist eine vernünftige Frau. Ich dringe ausdrücklich darauf, daß

Sie den Brief nicht anders als in ihrem Beisein erbrechen.«

Mademoiselle steckte den Brief zu sich und händigte ihn sogleich der Alten ein, die ihn auf der Stelle der Frau von P… überschickte. Die Marquisin, jetzt im Besitz eines unverwerflichen Zeugnisses, ließ den Beichtvater zu sich holen, wusch ihm den Kopf, wie er's verdient hatte, und drohte ihm, den ganzen Vorgang seinen Obern zu melden, wenn sie je noch ein Wort von ihm hören sollte.

Der Brief floß von lauter Lobsprüchen des Marquis in betreff seiner eigenen Person und der Mademoiselle über. Er malte ihr darin seine Leidenschaft mit den lebendigsten und schrecklichsten Farben ab, machte ungeheure Verheißungen und sprach sogar von Entführung.

Nachdem Frau von P… dem Pfaffen den Text recht gelesen hatte, bat sie auch noch den Marquis zu sich und erklärte ihm, wie sehr sein Betragen den Mann von Ehre beschimpfe und wie nachteilig er sie selbst mit hineinmische; dann zeigte sie ihm seinen Brief und beteuerte, daß auch die Pflichten der zärtlichsten Freundschaft, die zwischen ihm und ihr bisher geherrscht hätte, sie nicht abhalten würde, die Mutter Duquenoi, ja die Obrigkeit selbst gegen ihn zu Hilfe zu rufen, wenn seine Verfolgungen weitergehen sollten.

»Marquis, Marquis«, setzte sie hinzu, »die Liebe macht einen schlimmen Menschen aus Ihnen. Sie müssen bösartig auf die Welt gekommen sein, weil dasjenige, was jeden andern zu großen Taten spornt, Ihnen nur Niederträchtigkeiten abgewinnen kann. Was taten Ihnen diese armen Frauenzimmer Leides, daß Sie es darauf anlegen, ihre Armut durch Schande zu verbittern? – Weil dieses Mädchen schön ist und sich entschlossen hat, auf ihrer Tugend standhaft zu beharren, so wollen Sie ihr Verfolger sein? so wollen Sie Ursache werden, daß sie das beste Geschenk des Himmels verfluche? – Und womit hab' denn ich es verdient, daß ich eine Mitschuldige Ihrer Schandtaten sein soll? – Undankbarster der Menschen! Gleich fallen Sie mir zu Füßen, bitten Sie mich gleich um Verzeihung, schwören Sie mir zu, meine unglücklichen Freundinnen von jetzt an in Frieden zu lassen!« – Der Marquis versprach, ohne Vorwissen der Frau von P… keinen Schritt mehr zu tun; aber dies Mädchen müsse er besitzen, welchen Preis es auch gelten möge.

Er hielt keineswegs, was er zugesagt hatte. Einmal wußte nun doch die Mutter Duquenoi um die ganze Geschichte; daher trug er jetzt keine Bedenken mehr, sich unmittelbar an sie selbst zu wenden. Er gestand die Abscheulichkeit seines Vorhabens ein, bot ihr beträchtliche Summen an, sprach von den glänzendsten Hoffnungen, die die Zeit noch reif machen würde, und begleitete seinen Brief mit einem Kästchen voll der kostbarsten Steine.

Die drei Frauenzimmer hielten geheimen Rat untereinander. Mutter und Tochter schienen sehr geneigt, den Kauf einzugehen; doch dabei fand Frau von P… ihre Rechnung nicht. Sie erinnerte sie an die ersten Artikel ihres Vertrages und drohte sogar, den ganzen Betrug zu verraten, wenn sie sich weigern würden, ihr zu gehorsamen. Zum großen Leidwesen der beiden Heiligen, der Tochter besonders, die, so langsam als sie konnte, die Ohrringe wieder abnahm, die ihr so schön ließen, mußten Brief und Juwelen mit einer Antwort, woraus der ganze Stolz der beleidigten Tugend sprach, zu ihrem Eigentümer zurückwandern.

Frau von P… machte dem Marquis über seine Wortbrüchigkeit die bittersten Vorwürfe. Er nahm zur Entschuldigung, daß er es nicht hätte wagen mögen, sie mit einem Aufträge dieser Art zu erniedrigen. »Lieber Marquis«, sagte sie zu ihm, »ich habe Sie gleich anfangs gewarnt und will es Ihnen jetzt wiederholen. Sie sind noch weit von dem Ziel entfernt, nach welchem Sie hinarbeiten – aber nun ist es nicht mehr Zeit, Ihnen vorzupredigen; das würden jetzt nur verlorene Worte sein. Für Sie ist ganz und gar keine Rettung mehr.« Der Marquis antwortete, daß seine Hoffnungen noch immer die besten wären und er sich nur die Erlaubnis von ihr erbitte, einen letzten Versuch noch wagen zu dürfen.

Dieser war, daß er sich anheischig machte, beiden Frauenzimmern eine beträchtliche Leibrente auszuwerfen, sein ganzes Vermögen mit ihnen zu gleichen Teilen zu teilen und ihnen, solange sie lebten, eines von seinen Häusern zu Paris und ein andres auf seinen Gütern zum Eigentum einzuräumen. »Machen Sie, was Sie wollen«, sagte die Marquisin, »nur Gewalt verbitt' ich mir – aber Rechtschaffenheit und wahre Ehre, glauben Sie mir's, Freund, sind über jede Krämertax erhaben. Ihr neuestes Gebot wird kein besseres Glück als Ihre vorigen haben – ich kenne meine Leute und unterstehe mich, für ihre Tugend zu haften.«

Diese neuen Erbietungen des Marquis kamen bei voller Sitzung der drei Frauenzimmer vor. Madame und Mademoiselle erwarteten schweigend das Endurteil aus dem Munde der Frau von P… – Diese ging einige Minuten lang, ohne ein Wort zu reden, im Saal auf und nieder.

»Nein! Nein! Nein!« rief sie endlich, »das ist viel zu gnädig. – Nein! das ist viel zu wenig für mein wundes Herz« – und alsobald sprach sie das unwiderrufliche Verbot aus. Mutter und Tochter warfen sich weinend ihr zu Füßen, flehten und stellten vor, welche Grausamkeit es wäre, ihnen ein Glück zu verbieten, das sie doch ohne alle Gefahr würden annehmen dürfen.

Frau von P… gab mit Kaltsinn zur Antwort: »Bildet ihr euch ein, daß alles das, was bisher geschehen, etwa euch zulieb' geschehen ist? Wer seid ihr denn? Was hab' ich euch für Verpflichtungen? Woran liegt es, daß ich euch nicht, die eine so gut als die andere, zu eurem Handwerk zurücksende? – Ich will gern glauben, daß diese Anerbietungen für euch zu viel sind; aber für mich sind sie viel zu wenig. Setzen Sie sich, Madame! – Schreiben Sie die Antwort, wörtlich, wie ich sie Ihnen diktieren werde, und daß sie ja gleich in meiner Gegenwart abgehe!« –

Die beiden gingen, noch bestürzter als mißvergnügt, nach Hause.

Der Marquis zeigte sich der Frau von P… sehr bald wieder. »Nun«, rief sie ihm zu, »Ihre neuen Geschenke?«

»Angeboten und ausgeschlagen. Ich bin in Verzweiflung. Könnt' ich sie aus meinem Herzen reißen, diese unglücksvolle Leidenschaft, könnt' ich mein Herz selbst mit herausreißen, mir würde wohl sein! Sagen Sie mir doch, Marquisin, finden Sie nicht kleine Ähnlichkeiten im Gesicht dieses Mädchens mit dem meinigen?« –

»Ich habe Ihnen nie davon sagen mögen. – Freilich find' ich deren welche; aber davon ist jetzo die Rede nicht. Was beschließen Sie?«

»Weiß ich's? Kann ich's? – O Madame, bald wandelt der Gelüst mich an, in die erste beste Postchaise mich zu werfen und dahinzueilen, so weit der Erdball mich tragen will. Einen Augenblick darauf verläßt meine Kraft mich. Ich bin gelähmt. Mein Kopf schwindelt. Meine Sinne vergehen. Ich vergesse, was ich bin, was ich werden soll.«

»Das Reisen stellen Sie immer ein! Es verlohnt sich der Mühe nicht, von da nach dem Judenmarkt zu wandern, um nur wieder heimzugehen.«

Den andern Morgen kam ein Billett von ihm an Frau von P…, worin er meldete, daß er nach seinem Landgut gereist wäre und sich da aufhalten würde, solang ihm sein Herz das verstattete – und worin er sie zugleich auf das inständigste ersuchte, seiner zu gedenken bei ihren Freundinnen. Seine Entfernung dauerte nicht lange.

Er kam in die Stadt zurück und ließ sich bei der Marquisin absetzen. Sie war ausgefahren. Als sie wiederkam, fand sie ihn mit geschlossnen Augen, in der schrecklichsten Erstarrung auf dem Sofa ausgestreckt liegen.

»Ah! Sie hier, Marquis! Die Landluft, scheint es, hat Ihnen also nicht ganz bekommen wollen?«

»O Madame, mir ist nirgends wohl. Sehen Sie mich wieder angelangt, sehen Sie mich entschlossen, Madame, die ungeheuerste Torheit zu unternehmen, die ein

Mann von meinen Umständen, meinem Rang, meiner Geburt, meinem Geld nur begehen kann. – Aber eher alles, alles, als ewig auf dieser Folter sein. – Ich heirate.«

»Marquis! Marquis! der Schritt ist bedenklich und will Überlegung haben.«

»Überlegung? – ich habe nur eine gemacht, aber sie ist die gründlichste von allen – ich kann nicht elender werden, als ich jetzt schon bin.«

»Das können Sie so gewiß noch nicht sagen.« –

»Nun, Madame, dies, denke ich, ist doch endlich ein Geschäft, das ich Ihnen mit Ehren übergeben kann. Gehen Sie nun hin, besprechen Sie sich mit der Mutter, erforschen Sie das Herz der Tochter und bringen Sie meinen Antrag vor.«

»Gemach, lieber Marquis! Zwar habe ich diese beiden Frauenzimmer hinreichend zu kennen geglaubt, um gerade so für sie zu handeln, wie ich bisher getan habe, nun es aber auf die Glückseligkeit meines Freundes hinaus will, so wird er mir wenigstens erlauben, die Sache etwas näher zu besehn. Ich werde mich zuvor in ihrer Provinz nach ihnen erkundigen und ihrer Aufführung Schritt vor Schritt durch die ganze Zeit ihres hiesigen Aufenthalts nachfolgen.«

»Eine Vorsicht, Madame, die mir ziemlich weit hergeholt scheint. Frauenzimmer, die mitten im Unglück so standhaft auf Ehre hielten und meiner Verführung so beherzt widerstanden, müssen notwendig Geschöpfe der seltensten Gattung sein. Mit meinen Geschenken hätt' ich es bei einer Herzogin durchsetzen müssen. – Und überdem, sagten Sie mir nicht selbst –«

»Ja doch! ja, ja, ich sagte alles, was Ihnen belieben

mag; dem ohngeachtet werden Sie aber doch jetzt so gnädig sein und mir meinen Willen lassen.«

»Und warum heiraten Sie nicht auch, meine liebe Marquisin?«

»Wen allenfalls, wenn ich fragen darf?«

»Wen? – Ihren kleinen Grafen. Er hat Kopf, Geld und ist von der besten Familie.«

»Und wer steht mir für seine Treue? – Sie vermutlich?«

»Das wohl nicht; aber bei einem Ehemann pflegt man das nicht so genau mehr zu nehmen.«

»Meinen Sie? Vielleicht aber wäre ich nun Närrin genug, dadurch beleidigt zu werden – und ich bin rachsüchtig, Marquis.«

»Nun ja doch! Rächen sollen Sie sich immer; das versteht sich am Rande. Wissen Sie was, Marquisin? Wir vier wollen dann gemeinschaftlich beieinander wohnen und den artigsten Klub von der Welt zusammen ausmachen.«

»Das alles läßt sich vortrefflich hören; aber ich heirate nie. Der einzige Mann, dem ich vielleicht meine Hand noch würde gegeben haben –«

»Bin doch ich nicht, Madame?«

»Jetzt kann ich Ihnen ohne Gefahr dies Bekenntnis tun.«

»Jetzt? Warum jetzt erst? Warum sagten Sie mir das nicht eher?«

»Daran habe ich sehr wohl getan, wie die Umstände mich jetzt überzeugen. Und überhaupt diejenige, welche Sie nunmehr zur Frau nehmen, taugt in allem Betrachte besser für Sie als ich.«

Frau von P… brachte ihre Nachforschungen mit größter Genauigkeit und Eile zustande. Sie legte dem Marquis aus der Provinz und der Hauptstadt die schmeichelhaftesten Zeugnisse von seiner künftigen Gattin vor, drang aber dennoch darauf, daß er sich zu ernstlicher Überlegung der Sache noch vierzehn Tage Zeit nehmen sollte. Diese vierzehn Tage deuchten ihm eine Ewigkeit zu sein, und Frau von P… sah sich endlich gezwungen, seiner verliebten Ungeduld nachzugeben. Die nächste Zusammenkunft war bei den beiden Duquenoi; die Verlobung ging vor sich, das Aufgebot geschah, der Marquis beschenkte die Frau von P… mit einem kostbaren Diamant, und die Hochzeit wurde vollzogen.

Die erste Nacht ging nach Wunsch vorüber. Den andern Morgen schrieb Frau von P… dem Marquis ein Billett, worin sie ihn eines dringenden Geschäftes wegen auf einen Augenblick zu sich bat. Er ließ nicht lange auf sich warten. Man empfing ihn mit einem Gesicht, worauf Schadenfreude und Entrüstung mit schrecklichen Farben sich malten. Seine Verwunderung dauerte nicht lang.

»Marquis«, sagte sie zu ihm, »es ist Zeit, daß Sie endlich erfahren, wer ich bin. Wenn andre meines Geschlechts sich selbst genug hochschätzen wollten, meine Rache zu billigen, Sie und Ihres Gelichters würden seltener sein. Eine edle Frau hat sich Ihnen ganz hingegeben – Sie haben sie nicht zu erhalten gewußt. – Ich bin diese Frau. Aber sie hat vergolten, Verräter, und dich auf ewig mit einer verbunden, die deiner würdig ist. Geh von hier aus quer über die Straße nach dem Gasthof zur Stadt Hamburg – dort wird man dir ausführlicher von dem schändlichen Gewerb zu erzählen wissen, das deine Frau Gemahlin und Schwiegermutter zehen Jahre lang unter dem Namen einer Madame und Mademoiselle Aisnon getrieben haben.«

Keine Beschreibung erreicht das Entsetzen, mit welchem hier der Marquis zu Boden sank. Seine Sinne verließen ihn – aber seine Unentschlossenheit dauerte nur so lang, als er brauchte, um von einem Ende der Stadt zum andern zu rennen. Er kam den ganzen Tag nicht nach Hause; er schweifte in den Straßen umher. Seine Gemahlin und seine Schwiegermutter fingen an zu argwöhnen, was etwa geschehen war. Auf den ersten Schlag, der an die Türe geschah, entsprang die letztere in ihr Zimmer und schob beide Riegel vor. Nur seine Frau erwartete ihn allein in dem ihrigen. Sein Gesicht verkündigte die Wut seines Herzens, als er hereintrat. Sie warf sich zu seinen Füßen, stieß mit dem Angesicht auf den Boden des Zimmers und gab keinen Laut von sich.

»Fort, Nichtswürdige!« rief er fürchterlich. »Fort von mir!« Sie versuchte, sich aufzurichten; aber ohnmächtig stürzte sie auf ihr Angesicht, beide Arme der Länge nach auf den Boden gespreitet.

»Gnädiger Herr«, sagte sie zu ihm, »stoßen Sie mich mit Füßen, zertreten Sie mich – ich hab es verdient; machen Sie mit mir, was Sie wollen; aber Gnade, Gnade für meine Mutter!«

»Hinweg!« rief er abermals. »Fort, Verfluchte, aus meinen Augen! – Ist es nicht genug, daß du mich mit Schande bedeckst? Willst du mich auch noch zwingen, ein Verbrecher zu werden?« –

Das arme Geschöpf beharrte unbeweglich und stumm in der vorigen Stellung. Der Marquis lag in einem Sessel, den Kopf zwischen beide Arme geworfen und mit halbem Leib zu den Füßen seines Bettes hingesunken, und brach zuweilen, ohne sie anzusehen, in ein gebrochenes Heulen aus: »Hinweg von mir, sag' ich!« – Das Stillschweigen dieser Unglücklichen, die noch immer wie in toter Erstarrung lag, erschöpfte seine Geduld. »Entferne dich!« rief er lauter und schrecklicher, bückte sich zu ihr nieder und war im Begriff, ihr einen grausamen Schlag zu geben. – Doch indem fand er, daß sie ohne Bewußtsein und beinah ohne Leben lag. Er faßte sie um die Mitte des Leibes, legte sie auf ein Kanapee und betrachtete sie eine Zeitlang mit Augen, aus welchen wechselsweis Wut und Mitleiden hervorbrachen. Endlich zog er die Glocke. Seine Bedienten traten herein. Man rief ihre Weiber.

»Nehmt eure Frau zu euch«, sagte er diesen, »ihr ist etwas zugestoßen. Führt sie auf ihr Zimmer und springt ihr bei!« – Bald darauf schickte er heimlich, nach ihrem Befinden zu fragen. Man bracht' ihm die Nachricht, daß zwar ihre erste Ohnmacht vorüber wäre, aber noch immer Schwächen auf Schwächen folgten, die so häufig kämen und so lange anhielten, daß man Ursache hätte, für ihr Leben zu zittern. Eine Stunde darauf schickte er, so heimlich wie das erstemal, wieder. Sie lag in schrecklichen Beängstigungen, zu welchen sich ein gichterischer Schlucken gesellte, der von der Gasse herauf gehört werden konnte. Als er das dritte Mal schickte, welches den folgenden Morgen war, kam die Antwort, daß sie sehr viel geweint habe und die übrigen Zufälle sich nach und nach zu legen anfingen.

Jetzt ließ er anspannen und verschwand vierzehn Tage lang, daß kein Mensch um seinen Aufenthalt wußte. Vor seiner Abreise hatte er Sorge getragen, daß Mutter und Tochter mit dem Notwendigsten versehen wurden, und seine Dienerschaft hatte Befehl, der Mutter wie ihm selbst zu gehorchen.

Während der ganzen Zeit, daß er abwesend war, wohnten die beiden, beinahe ohne sich zu sprechen, in der traurigsten Verstimmung nebeneinander. Die junge Frau zerfloß ohne Aufhören in Seufzer und Tränen oder fing plötzlich laut zu schreien an, rang die Hände, raufte sich die Haare aus, daß selbst ihre Mutter es nicht wagen durfte, sich ihr zu nähern und ihr Trost zuzusprechen. Diese zeigte nichts als Verhärtung, jene war das traurigste Bild der Reue, des Schmerzes, der Verzweiflung.

Tausendmal rief sie: »Kommen Sie, Mama, lassen Sie uns fliehen, lassen Sie uns vor seiner Rache uns schützen!« – Tausendmal widersetzte sich die Alte und erwiderte: »Nicht doch, mein Kind! Laß uns bleiben, laß uns abwarten, wie weit er es treiben wird! Umbringen kann uns dieser Mensch doch nicht.« – »Oh, daß er's möchte!« rief jene wieder, »daß er's längst schon getan haben möchte!« – »Schweige«, sagte die Mutter, »und hör einmal auf, wie eine Närrin zu plaudern.«

Der Marquis kam zurück und schloß sich in sein Kabinett ein, von wo aus er zwei Briefe, den einen an seine Frau, den andern an seine Schwiegermutter schrieb. Die letztere reiste noch an eben dem Tag in ein Kloster ab, wo sie nicht lange darauf starb. Die Tochter kleidete sich an und wankte nach dem Zimmer ihres Gemahls, wohin er sie beschieden hatte. An der Schwelle sank sie auf die Knie. Er befahl ihr aufzustehen. Sie stand nicht auf, sondern wälzte sich in dieser Stellung näher zu ihm hin. Alle ihre Glieder zitterten. Ihre Haare waren losgebunden. Ihr Leib hing zur Erde, ihr Kopf war emporgerichtet, und ihre Augen, die von Tränen flossen, begegneten den seinigen.

»Ich sehe, gnädiger Herr«, rief sie schluchzend aus, »ich seh' es, Ihre Wut ist besänftigt, so gerecht sie war. Ich unterstehe mich zu hoffen, daß ich endlich noch Barmherzigkeit erhalte. Aber nein! – Übereilen Sie sich nicht! – So viele tugendhafte Mädchen wurden lasterhafte Frauen; lassen Sie mich versuchen, ob ich ein Beispiel des Gegenteils werden kann. Noch bin ich es nicht würdig, die Ihrige zu sein; aber nur die Hoffnung entziehen Sie mir nicht! Lassen Sie mich ferne von Ihnen wohnen; seien Sie wachsam auf meinen Wandel und richten Sie mich dann! – Glücklich, ja unaussprechlich glücklich werd' ich sein, wenn Sie sich's nur zuweilen gefallen lassen wollen, daß ich vor Ihnen erscheinen darf. Nennen Sie mir einen düstern Winkel in Ihrem Hause, den ich bewohnen soll, ohne Murren will ich dort gefangen sitzen. Schwachheit, Verführung, Ansehen, Drohungen haben mich zu dieser schimpflichen Tat hingerissen; aber lasterhaft bin ich niemals gewesen. – Wär' ich das, wie hätt' ich es wagen können, mich Ihnen zu zeigen, wie könnt' ich es jetzt wagen, Sie anzusehen, wagen, mit Ihnen zu reden! – Könnten Sie in meiner Seele lesen, könnten Sie sich überzeugen, wie meine vorigen Verbrechen ferne von meinem Herzen sind, wie abscheulich mir die Sitten derer sind, die ich einst meinesgleichen nannte! – Die Verführung hat meinen Wandel befleckt; aber mein Herz hat sie nicht vergiftet. Ich kenne mich, mein Herr. Hätte man mir Freiheit gelassen, nur ein Wort hätt' es mich gekostet, und Sie hätten um den ganzen Betrug gewußt. Entscheiden Sie nach Gefallen über mich! Rufen Sie Ihre Bedienten! Lassen Sie mir diesen Schmuck, diese Kleider abreißen! Lassen Sie mich in nächtlicher Stunde auf die Straße werfen! Alles, alles will ich leiden. Welches Schicksal Sie mir auflegen wollen, ich unterwerfe mich. Die Einsamkeit auf dem Lande, die Stille eines Klosters werden mich Ihren Augen auf ewig entreißen. Befehlen Sie, und ich gehe! Ihre Glückseligkeit ist noch nicht ohne Rettung verloren. Sie können mich ja noch vergessen.«

»Stehen Sie auf.« rief der Marquis mit sanfter Stimme, »ich vergebe Ihnen, stehen Sie auf. Mitten im gräßlichen Gefühl meiner erlittenen Schande vergaß ich es nicht, meine Gemahlin in Ihnen zu ehren. Kein Laut kam über meine Lippen, der Sie erniedrigt hätte, und wäre das, so bin ich bereit, es Ihnen abzubitten, und gebe Ihnen mein Wort, daß Sie keinen mehr hören sollen. Denken Sie stets daran, daß Sie Ihren Gemahl nicht unglücklich machen können, ohne es selbst zu werden. Seien Sie edel und gut – seien Sie glücklich, und sorgen Sie dafür, daß auch ich es werde! Stehen Sie auf, ich bitte Sie – Sie sind nicht an Ihrer Stelle, Marquisin, stehen Sie auf. – Steh auf, meine Gemahlin, und laß dich umarmen!«

Während der Marquis das sagte, lag sie noch immer, den Kopf auf seine Knie gebeugt, ihr Gesicht in seinen Händen verborgen. Aber auf den Namen seiner

Gemahlin sprang sie lebhaft auf, warf sich ihm um den Hals und drückte ihn mit wütender Entzückung in ihre Arme. Gleich darauf ließ sie von neuem ihn los, stürzte zur Erde und war willens, seine Füße zu küssen.

»Was wollen Sie?« unterbrach er sie sehr bewegt. »Habe ich Ihnen nicht schon alles vergeben? Warum glauben Sie mir denn nicht?«

»Lassen Sie, lassen Sie!« gab sie zur Antwort. »Ich kann es nicht, ich darf es nicht glauben.«

»Bei Gott!« rief der Marquis, »ich fange an, zu mutmaßen, daß ich niemals bereuen werde. Diese Frau von P… hat mir Verdruß und Leiden zugedacht; aber ich sehe ein, sie hat mir Seligkeit bereitet. Kommen Sie, meine Gemahlin! Kleiden Sie sich an, unterdessen daß ich Anstalten zu unsrer Abreise mache. Wir ziehen auf meine Güter, wo wir solange bleiben wollen, bis die Zeit eine Rinde über das Vergangene gezogen hat.«

Drei ganze Jahre lang lebten sie ferne von Paris – das glücklichste Ehepaar ihrer Zeiten.

Wie denken Sie darüber?

Eines Tages sah sich ein Mann an das Ufer einer fremden Welt verschlagen. Sie war bewohnt von Männern und Frauen verschiedenster Gestalt und jeden Alters. Nachdem er zuerst alles betrachtet hatte, was seine Aufmerksamkeit unmittelbar auf sich zog, suchte er in der ihn umgebenden Menschenmenge jemanden, der ihn über die Gesetze und Gepflogenheiten aufklären könnte; denn der Ort gefiel ihm, und er hatte Lust, sich da niederzulassen. Er sah drei Greise mit langen Bärten sich leise unterhalten. Er trat an sie heran: »Könnten Sie mir bitte sagen, wo ich mich befinde und wem dieses Land gehört? Wenn die Sitten der Bewohner der Weisheit und Ordnungsliebe gleichen, mit der das Land bestellt ist, dann werden Sie vom besten und größten aller Fürsten regiert.«

»Nichts leichter, als Ihre Neugier zu befriedigen«, antwortete einer der Greise. »Sie befinden sich in den Ländern des wohltätigen Geistes, der das gegenüberliegende Ufer bewohnt. Sie sind an diesen Strand gespült worden gegen Ihren Willen und auf seinen Befehl. Er hat die Eigenart, Menschen glücklich zu machen, und in dieser Absicht läßt er die Fremden Schiffbruch erleiden.

Die nicht ertrinken, nimmt er unter seinen Schutz und schließt sie eine bestimmte Zeit in diesem Lande ein, das Sie mit Recht bewundern. Diese Herren und ich sind seine Minister und von ihm beauftragt, seinen Untertanen seinen Willen kundzutun, seinen Gesetzen Achtung zu verschaffen und Strafe und Lohn zu versprechen.«

»Wenn das Land aber so schön ist, warum lebt er nicht unter seinen Schützlingen? Was tut er auf dem anderen Ufer?«

»Was wir für ihn aussagen«, antwortete der Greis, »befreit ihn von der Notwendigkeit, sich zu zeigen, da wir von ihm inspiriert sind ... Aber wir müssen Sie mit den Bedingungen vertraut machen, die der Geist gesetzt hat, um glücklich in deinem Lande zu leben ...«

»Bedingungen?« erwiderte der Fremde. »Haben Sie mir nicht gesagt, ich sei hier auf Wunsch des Geistes, und daß es nicht von mir abhängt, nicht hier zu sein?«

»Das ist wahr«, antwortete der Greis.

»Dann ist es doch unsinnig, mir Bedingungen aufzuerlegen«, antwortete der Fremde, »da ich nicht die Freiheit habe, sie anzunehmen oder zurückzuweisen ...«

»Sie sind nicht frei«, fuhr der Greis fort, »welch entsetzliche Lästerung! Bemühen Sie sich, diesen Irrtum rasch zu überwinden ...« – »Lassen Sie ihn reden«, raunte ihm sein Kollege zu, »und hüten Sie sich, an die Freiheit zu glauben, denn damit würden Sie an der großen Güte des Geistes Zweifel äußern ...«

»Im übrigen«, fuhr der erste mit bescheidener und schmeichlerischer Miene fort, »bevor wir weiter gehen, sollen Sie wissen, daß man mich Hochwürden nennt. So hat es der gütige Geist befohlen, der mich eingesetzt hat, die Durchführung seiner Gesetze zu überwachen. Im ganzen Lande ist nur ein Mann über uns drei gesetzt, deshalb hat ihn der höchste Geist den Diener der Diener genannt, denn der höchste Geist ist voller Gerechtigkeit und Weisheit und ist unfehlbar in seinem Urteil.«

Der Fremde wußte nicht, was er davon denken sollte, daß offensichtlich kluge Männer – zumindest nach ihrem Wesen, ihrem Alter und der ihnen von allen Seiten bezeugten Hochachtung zu urteilen – kaltblütig derartigen Unsinn äußerten.

Während sie sprachen, hörten sie einen großen Lärm, Schreie, teils voll Schmerz, teils voller Lust und Freude. Der Fremde, noch ebenso neugierig wie erstaunt, fragte nach dem Grunde. Der dritte Greis antwortete: »Der Geist gestattet von Zeit zu Zeit, um die Geduld seiner Untertanen und ihr Vertrauen zu ihm auf die Probe zu stellen, daß sie erschlagen werden, während sie seine Güte, Milde und Gerechtigkeit loben. Diese Ehre ist nur seinen liebsten Kindern vorbehalten. Das bedeutet nicht, daß nicht alle seine Untertanen verpflichtet wären, an seine Vollkommenheit zu glauben, denn das haben sie gelobt während ihres ersten Schlafes.«

»Wie? Man schwört im Schlaf in Eurem Lande?« rief der Fremde.

»Das ist die Regel«, antwortete der Greis, »und Sie selbst haben es getan, als Sie an dieses Ufer gespült wurden.«

»Ich hätte einen Schwur getan?« fuhr der Fremde fort, »ich will sterben, wenn ich etwas davon weiß.«

»Sie sind darum nicht weniger gebunden«, fuhr der Minister fort. »Sie sollen aber wissen, wie sich die heilige

Handlung vollzogen hat, ohne die Sie nicht als Bürger dieser Insel angesehen werden können. Sobald wir erfahren, daß ein Fremder in unsere Gegend gekommen ist, eilen wir, ihn zu empfangen. Dann nimmt man zwei zufällig anwesende Bürger, von denen man erwartet, daß sie unsere Gesetze, Sitten und Gebräuche genau kennen. Sie stellen sich zu beiden Seiten des Fremden auf. Während er am Boden liegt und schläft, fragt man ihn, belehrt ihn über die notwendigen Bedingungen, als Bürger auf der Insel aufgenommen zu werden. Und die beiden Respondanten sprechen für ihn das Gelöbnis, durch das er sich verpflichtet, sich sein ganzes Leben lang dem Glauben und den Gesetzen des Landes zu unterwerfen.«

»Sie machen sich lustig über mich«, antwortete der Fremde zornig. »Wozu, wenn ich bitten darf, hat man mich angeblich verpflichtet?«

»Ach«, sagte der Greis, »unter anderem zu glauben, daß der Geist drei Köpfe hat und daß ein einziger Geist diese drei Köpfe belebt, daß er voller Gerechtigkeit und Güte ist; denn er liebt seine Untertanen und macht sie nur unglücklich zu ihrem eigenen Wohl oder durch ihre Schuld oder durch die der anderen – daß sein Herz allen Leidenschaften verschlossen ist – daß der Zorn, den er zeigt, keiner ist – daß der Schmerz, den er leidet, keiner ist – die Freude, die er zeigt, keine ist, weil seine Seele einen solchen Grad der Vollkommenheit erreicht hat, daß sie nur scheinbar erschüttert werden kann, daß man diese Begriffe nur gewohnheitsmäßig auf ihn anwendet. Ihre übrigen Verpflichtungen sind im Auszug enthalten in diesen zwölf Foliobänden, die Sie, wenn Sie

Lust und Laune dazu haben, auswendig lernen können. Aber Sie müssen wissen, daß, wenn Sie ein einziges Wort falsch auslegen, Sie ohne Gnade verloren sind.«

Der Ernst, mit dem man ihm diese Sinnlosigkeit zum besten gab, ließ ihn einen Augenblick schwanken, ob der Verstand der Greise oder sein eigener krank sei. Er verließ sie, durcheilte die Stadt und erhielt die gleichen Auskünfte von den verschiedensten Personen.

Die Unmöglichkeit, die Insel zu verlassen, brachte ihn zu dem Entschluß, im großen ganzen so zu handeln wie die anderen, obgleich er sich im Grunde nicht entschließen konnte, ein Wort von all dem zu glauben, was man ihm als Glaubensregeln erzählt hatte. Eines Tages setzte er sich, ermüdet von einem langen Weg, auf ein Brett am Strande und versank in träumerisches Nachdenken. Er bemerkte nicht, daß es ihn unmerklich an das gegenüberliegende Ufer entführte, bis er dort angelangt war.

»Ach«, sagte er, »so werde ich denn endlich den merkwürdigen Geist zu Gesicht bekommen.« Und er machte sich auf den Weg, ihn zu suchen. Nachdem er alle Winkel der Insel durchsucht hatte, fand er ihn endlich oder, besser, fand ihn nicht. Denn trotz all meiner genauen Kenntnis der Geschichte der Entdeckungsreisen muß ich sagen, daß ich nichts Genaues darüber berichten kann. Aber wenn er ihn gefunden hat, dann sagte er ihm sicherlich: »Großer Geist, wenn Sie wüßten, was man von Ihnen am anderen Ufer erzählt, würden Sie, glaube ich, von Herzen lachen. Im übrigen ist es nicht meine Schuld, wenn ich nicht ein Wort von all dem habe glauben wollen, was Sie für mich getan haben sollen, und sogar so weit gegangen bin, an Ihrer Existenz zu zweifeln. Man erzählte mir nämlich alles in einer so lächerlichen Weise, daß es wirklich unmöglich war, dem Glauben zu schenken.«

Der Geist hat wahrscheinlich gelächelt über die Offenherzigkeit des Fremden und ihm in spöttisch-überlegenem Tone gesagt: »Es ist mir ziemlich gleichgültig, mein Freund, ob du und deinesgleichen an meine Existenz glaubst oder sie leugnest. Beruhigt euch. Weder für euer Wohl noch Wehe habt ihr jene Gegenden bewohnt und durchwandert. Wenn man sich einmal auf dem Wege befindet, den ihr betreten hattet, kommt man mit Notwendigkeit in jenes Land, weil der Weg nirgends anders hinführt. Mit derselben Notwendigkeit hat dich die Strömung des Wassers hierher geführt. Ich könnte über all das«, mag er hinzugefügt haben, »viel schöne Dinge sagen, aber du kannst dir denken, mein Kind, daß ich anderes zu tun habe, als einen Dummkopf wie dich zu belehren. Mache es dir bequem in irgendeiner Ecke und laß mich in Ruhe, bis Zeit und Notwendigkeit über dich wieder bestimmen. Guten Abend.«

Der Fremde zog sich zurück und mag zu sich selbst gesagt haben: »Ich habe es doch gewußt: wenn an diesem Ufer ein Geist lebte, dann mußte er gut und nachsichtig sein, und wir würden nichts miteinander auszufechten haben. Auf jeden Fall gibt es nichts Besseres, sich vor Täuschung und Irrtum zu bewahren, als immer wahr zu sein gegen sich selbst.«

Wie denken Sie darüber?

Unterhaltung eines Philosophen mit der Marschallin von C.

Ich hatte irgend etwas mit dem Marschall von C. zu besprechen und ging eines Morgens in seine Villa. Er war nicht zu Hause. Ich ließ mich bei der Marschallin melden. Sie ist eine reizende Frau, schön und fromm wie ein Engel, Sanftmut steht ihr auf dem Gesicht geschrieben, und dazu eine Stimme und eine Natürlichkeit der Sprache, die ganz und gar mit dem Gesicht übereinstimmen. Sie war bei der Toilette und schob mir einen Sessel herbei. Ich setzte mich, und wir unterhielten uns. Bei irgendeiner Behauptung meinerseits, die sie erfreute oder überraschte (denn sie war der Meinung, wer die Heilige Dreieinigkeit leugnet, ist ein Galgenstrick und wird am Ende gehenkt werden), sagte sie zu mir: »Sind Sie nicht Herr Crudeli?«

Crudeli: Ja.

Marschallin: Sie sind also der Mann, der an nichts glaubt?

Crudeli: Ja, der bin ich.

Marschallin: Aber Sie haben doch die gleiche Moral wie ein gläubiger Christ?

Crudeli: Warum nicht, wenn er ein Ehrenmann ist?

Marschallin: Und Sie leben nach dieser Moral?

Crudeli: So gut ich kann.

Marschallin: Wie, Sie stehlen nicht, töten nicht, rauben nicht?

Crudeli: Sehr selten.

Marschallin: Was haben Sie dann für einen Vorteil von Ihrem Unglauben?

Crudeli: Gar keinen. Glaubt man denn, um einen Vorteil zu haben?

Marschallin: Ich weiß nicht, aber der Gedanke an den Nutzen schadet nie bei den Geschäften in dieser oder jener Welt.

Crudeli: Das ist bedauerlich für unser armes Menschengeschlecht. Wir steigen dadurch nicht im Wert.

Marschallin: Wie, Sie stehlen nicht?

Crudeli: Nein, auf Ehre!

Marschallin: Wenn Sie kein Dieb und Mörder sind, dann geben Sie zu, daß Sie nicht konsequent sind!

Crudeli: Wieso denn?

Marschallin: Mir scheint, wenn ich nichts zu hoffen oder zu fürchten habe im Jenseits, dann gäbe es allerhand Annehmlichkeiten, die ich nicht entbehren möchte, solange ich hier bin. Ich gebe zu, ich mache da einen kleinen Kuhhandel mit dem lieben Gott.

Crudeli: Das bilden Sie sich ein?

Marschallin: Das ist keine Einbildung, das ist eine Tatsache.

Crudeli: Und darf man fragen, was das für Sachen sind, die Sie sich erlauben würden, wenn Sie ungläubig wären?

Marschallin: Nein, bitte nicht. Das gehört in meine Beichte.

Crudeli: Ich setze alles, auf eine Karte.

Marschallin: So machen's die Bettler.

Crudeli: Möchten Sie mich lieber als Wucherer sehen?

Marschallin: Natürlich. Mit Gott kann man wuchern, soviel man will, den ruiniert man ja nicht. Ich weiß, daß das nicht gerade sehr fein ist – aber was tut's? Schließlich kommt es darauf an, den Himmel zu gewinnen mit Schläue oder Gewalt. Da muß man eben alles in Rechnung setzen und keine Chance außer acht lassen. Wir können ja machen, was wir wollen. Unser Einsatz ist immer winzig im Vergleich zu dem, was wir erwarten. Und Sie erwarten für sich nichts?

Crudeli: Nichts.

Marschallin: Das ist traurig. Da müssen Sie doch zugeben, daß Sie entweder sehr böse oder vollkommen verrückt sind.

Crudeli: Das könnte ich beim besten Willen nicht, Frau Marschallin.

Marschallin: Welchen Grund kann ein Ungläubiger haben, gut zu sein, wenn er nicht verrückt ist? Das möchte ich wissen.

Crudeli: Ich will es Ihnen sagen.

Marschallin: Ich wäre Ihnen sehr verbunden.

Crudeli: Können Sie sich nicht vorstellen, daß man so glücklich geboren ist, eine wirklich große Freude darin zu finden, Gutes zu tun?

Marschallin: Das kann ich mir vorstellen.

Crudeli: Daß man eine ausgezeichnete Erziehung erhalten haben kann, die diese Neigung zum Wohltun noch verstärkt.

Marschallin: Sicher.

Crudeli: Und daß einen in späteren Jahren die Erfahrung gelehrt hat, daß es alles in allem für das eigene Glück auf dieser Welt günstiger ist, ein Ehrenmann zu sein als ein Schuft.

Marschallin: Ja. Aber wie kann man ein anständiger Mensch sein, wenn schlechte Grundsätze sich mit unseren Leidenschaften verbinden, um uns zum Bösen zu treiben.

Crudeli: Man ist eben inkonsequent. Und gibt es etwas Häufigeres als Inkonsequenz?

Marschallin: Leider nein: man glaubt und handelt alle Tage so, als glaube man nicht.

Crudeli: Und wenn man nicht glaubt, handelt man ungefähr so, als ob man glaubte.

Marschallin: Das ist gut. Aber was ist denn dabei, einen Grund mehr zum Gutes tun zu haben, nämlich die Religion? Und einen Grund weniger, die Ungläubigkeit nämlich, um Böses zu tun?

Crudeli: Gar nichts. Wenn die Religion ein Grund wäre, Gutes zu tun, und die Ungläubigkeit einer, Schlechtes zu tun.

Marschallin: Gibt es darüber einen Zweifel? Ist es nicht der Sinn der Religion, der schlechten, sündigen Natur zu widerstehen, und der der Ungläubigkeit, sie ihrer Bosheit zu überlassen, indem sie ihr die Furcht nimmt?

Crudeli: Das würde uns zu einer langen Auseinandersetzung führen.

Marschallin: Was tut's? Der Marschall kommt nicht so bald zurück. Und es ist immer noch besser, sich vernünftig zu unterhalten, als über den Nächsten Schlechtes zu reden.

Crudeli: Da muß ich aber die Dinge etwas von oben ansehen.

Marschallin: Von so weit oben, wie Sie wollen. Hauptsache, ich verstehe Sie.

Crudeli: Wenn Sie mich nicht verstehen, dann liegt es an mir.

Marschallin: Sie sind höflich. Aber Sie müssen bedenken, ich habe nie etwas anderes als mein Gebetbuch gelesen und habe mich nie mit etwas anderem beschäftigt, als nach dem Evangelium zu leben und Kinder in die Welt zu setzen.

Crudeli: Das sind zwei Aufgaben, die Sie gut erfüllt haben.

Marschallin: Ja, was die Kinder anlangt. Sechs haben Sie bereits bei mir gesehen, und in einigen Tagen werden Sie wiederum eins auf meinem Schoß finden. Aber schießen Sie los.

Crudeli: Frau Marschallin, gibt es in dieser Welt irgend etwas Gutes, das nicht zugleich einen Nachteil in sich hätte?

Marschallin: Nichts.

Crudeli: Und irgend etwas Böses, was ganz ohne Vorteil wäre?

Marschallin: Nein.

Crudeli: Was nennen Sie also böse oder gut?

Marschallin: Böse ist das, was mehr Nachteile als Vorteile hat. Gut dagegen, was mehr Vorteile als Nachteile hat.

Crudeli: Werden die Frau Marschallin die Güte haben, sich dieser Ihrer Definition von gut und böse zu erinnern.

Marschallin: Ich werde mich daran erinnern. Sie nennen das eine Definition?

Crudeli: Ja.

Marschallin: Das ist also Philosophie?

Crudeli: Eine ausgezeichnete.

Marschallin: Ich habe philosophiert!

Crudeli: Sie sind also überzeugt, daß die Religion mehr Vorteile als Nachteile hat, deshalb nennen Sie sie gut?

Marschallin: Ja.

Crudeli: Ich zweifle durchaus nicht daran, daß Ihr Verwalter Sie am Tage vor Ostern etwas weniger bestiehlt als am Tage nach dem Fest und daß die Religion von Zeit zu Zeit eine ganze Menge kleiner Übel verhindert und eine ganze Menge kleiner Wohltaten erzeugt.

Marschallin: Und wenn man all das Kleine zusammenzählt, ist es eine Summe.

Crudeli: Aber glauben Sie, daß die furchtbaren Verwüstungen, die sie in der Vergangenheit verursacht hat und in der Zukunft noch verursachen wird, durch diese lappigen Vorteile genügend ausgeglichen sind? Bedenken Sie, daß die Religion die heftigste Abneigung zwischen den Völkern geschaffen und verewigt hat. Es gibt keinen Muselmann, der sich nicht einbildet, eine Gott und dem heiligen Propheten wohlgefällige Tat zu tun, wenn er sämtliche Christen erschlägt, die ihrerseits durchaus nicht toleranter sind. Denken Sie daran, daß sie in jedem Lande Trennungen geschaffen und verewigt hat, die sich selten ohne Blutvergießen ausgeglichen haben. Unsere Geschichte zeigt uns nur allzu naheliegende und verheerende Beispiele, denken Sie daran, daß sie in der Gesellschaft zwischen den Bürgern, ja selbst in den Familien und zwischen den Nächsten den grausamsten und hartnäckigsten Haß gesät und verewigt hat. Christus hat gesagt, er sei gekommen, um den Gatten von der Gattin, die Mutter von den Kindern, den Bruder von der Schwester, den Freund vom Freunde zu trennen. Seine Prophezeiung ist nur allzu treulich erfüllt worden.

Marschallin: Da sind die Mißbräuche, das ist nicht die Sache selbst.

Crudeli: Es ist die Sache selbst, wenn die Mißbräuche nicht davon zu trennen sind.

Marschallin: Wie wollen Sie mir beweisen, daß die Mißbräuche der Religion nicht zu trennen sind von der Religion?

Crudeli: Sehr leicht. Sagen Sie mir, was ein Menschenfeind, der sich vorgenommen hätte, die Welt unglücklich zu machen, Besseres hätte erfinden können als den Glauben an ein unfaßbares Wesen, über das sich die Menschen nie einig werden können und dem sie mehr Bedeutung beimessen als ihrem Leben? Ist es möglich, von dem Begriff einer Gottheit den der unbedingten Unfaßbarkeit und der höchsten Bedeutung zu trennen?

Marschallin: Nein.

Crudeli: Dann ziehen Sie selbst die Schlußfolgerung.

Marschallin: Ich ziehe den Schluß, daß diese Idee nicht ohne Folgen sein wird in den Köpfen von Wahnsinnigen.

Crudeli: Und setzen Sie dazu, daß die Wahnsinnigen immer in der Majorität gewesen sind und sein werden. Und die gefährlichsten unter ihnen sind die, welche die Religion dazu gemacht hat, und aus ihnen verstehen die Aufrührer der Gesellschaft bei Gelegenheit immer großen Nutzen zu ziehen.

Marschallin: Aber wir brauchen etwas, das die Menschen von den schlechten Taten abschreckt, die sich der Strenge der Gesetze entziehen. Und wenn Sie die Religion zerstören, was wollen Sie an ihre Stelle setzen?

Crudeli: Und wenn ich nichts an ihre Stelle zu setzen hätte, so wäre es immer ein furchtbares Vorurteil weniger, abgesehen davon, daß in keinem Jahrhundert und in keinem Volke die religiösen Meinungen zur Voraussetzung für die nationalen Bräuche und Sitten geworden sind. Die alten Griechen und Römer waren die anständigsten Leute von der Welt, und dabei verehrten sie Götter, die man nur als ein höchst verderbtes Pack bezeichnen kann: Jupiter müßte man lebendig verbrennen, Venus gehörte in die Besserungsanstalt und Merkur ins Arbeitshaus.

Marschallin: Und Sie glauben, daß es ganz gleich ist, ob wir Christen oder Heiden sind? Daß wir als Heiden nicht weniger wert wären und als Christen nicht besser sind?

Crudeli: In der Tat, ich bin überzeugt davon. Abgesehen davon, daß wir ein bißchen lustiger wären.

Marschallin: Das kann nicht sein.

Crudeli: Aber, Frau Marschallin, gibt es denn überhaupt Christen? Ich habe noch keine gesehen.

Marschallin: Und das sagen Sie mir, ausgerechnet mir?

Crudeli: Nein, gnädige Frau, Ihnen nicht. Ich habe es zu einer Bekannten gesagt. Sie ist ehrenhaft und fromm wie Sie und hielt sich im besten Glauben für eine Christin, wie Sie.

Marschallin: Und Sie haben ihr gezeigt, daß sie unrecht hatte?

Crudeli: Im Handumdrehen.

Marschallin: Und wie haben Sie das gemacht?

Crudeli: Ich öffnete ein Neues Testament, in dem sie sehr viel gelesen hatte; denn es war sehr abgegriffen. Ich las ihr die Bergpredigt vor, und bei jedem Punkt fragte ich sie: Tun Sie das? Und das? Und das noch …? Ich ging noch weiter. Sie ist schön, und obgleich sie sehr tugendhaft und sehr fromm ist, weiß sie es. Sie hat sehr weiße Haut, und obgleich sie diesem vergänglichen Vorzug keine große Bedeutung beimißt, ist sie nicht böse, wenn man ihr Komplimente darüber macht. Ihr Busen ist so schön, wie ein Frauenbusen nur sein kann, und obgleich sie sehr bescheiden ist, findet sie es gut, daß man es sieht.

Marschallin: Hauptsache, daß nur sie und ihr Gatte es wissen.

Crudeli: Ich glaube, ihr Gatte weiß es besser als irgendjemand. Aber für eine Frau, die ihre Ehre dareinsetzt, eine gute Christin zu sein, genügt das noch nicht. Ich sagte ihr: Steht nicht geschrieben im Evangelium, daß derjenige, der die Frau seines Nächsten begehrt, in seinem Herzen die Ehe gebrochen habe?

Marschallin: Sie antwortete Ihnen mit Ja?

Crudeli: Ich sagte ihr, der Ehebruch im Herzen ist doch wohl ebenso große Sünde wie ein Ehebruch mit besseren Voraussetzungen.

Marschallin: Sie antwortete Ihnen mit Ja?

Crudeli: Ich sagte ihr, wenn der Mann verdammt wird für den Ehebruch, den er in seinem Herzen begangen hat, was soll der Frau geschehen, die alle, die sich ihr nähern, zu dieser Sünde verleitet? Diese letzte Frage setzte sie in Verlegenheit.

Marschallin: Ich verstehe. Sie verhüllte ihren Busen, der so schön war, wie man sich nur denken kann, nicht sehr sorgfältig.

Crudeli: Das stimmt. Sie antwortete mir, das sei so Mode (als ob es nicht die aller verbreitetste Mode wäre, sich Christ zu nennen und keiner zu sein), daß man sich nicht lächerlich anziehen könne (als ob man Vergleiche ziehen könnte zwischen einem lächerlichen kleinen Ridikül und ihrer und ihres Nächsten ewiger Verdammnis), daß sie sich von ihrer Schneiderin anziehen ließe (als ob es nicht besser wäre, die Schneiderin zu wechseln als seiner Religion untreu zu werden), ihr Mann wolle es so (als ob ein Mann wahnsinnig genug wäre, von seiner Frau die Hintansetzung der Anständigkeit und Pflichten zu fordern, und eine wirkliche Christin den Gehorsam gegen einen verstiegenen Mann bis zur Aufopferung des göttlichen Willens und der Verachtung der Drohungen ihres Erlösers treiben müsse).

Marschallin: Diese kindischen Argumente wußte ich im voraus. Ich hätte sie Ihnen vielleicht angeführt, genau wie Ihre Bekannte. Aber sie und ich, wir wären beide im Unrecht gewesen. Was tat sie nach Ihrer Rüge?

Crudeli: Am Tag nach dieser Unterhaltung (es war ein Feiertag) ging ich nach Hause, und meine fromme und schöne Nachbarin ging in die Messe.

Marschallin: Gekleidet wie immer?

Crudeli: Gekleidet wie immer. Ich lächelte, sie lächelte. Wir gingen aneinander vorbei, ohne zu sprechen. Frau Marschallin, eine anständige Frau, eine Christin, eine fromme Frau. Nach diesem Beispiel und hunderttausend dergleichen noch, ja, sagen Sie mir, welchen wirklichen Einfluß kann ich der Religion auf die Sitten einräumen? Fast gar keinen, glücklicherweise.

Marschallin: Wieso glücklicherweise?

Crudeli: Ja, gnädige Frau: wenn es plötzlich 20 000 Parisern einfiele, genau nach der Bergpredigt zu leben …

Marschallin: Naja, dann wären einige schöne Busen mehr bedeckt.

Crudeli: Und so viel Verrückte, daß der Polizeichef nicht wüßte, was er mit ihnen anfangen sollte. Unsere Irrenhäuser würden nicht reichen. In den heiligen Büchern ist zweierlei Moral: eine allgemeine und gleiche für alle Völker, alle Religionen, die ungefähr befolgt wird, und eine andere, die jeder Nation und jedem Kult besonders eigen ist, an die man glaubt, die man in der Kirche predigt, in den Häusern preist – und keinesfalls befolgt.

Marschallin: Und woher kommt dieser Widersinn?

Crudeli: Weil es unmöglich ist, ein ganzes Volk einem Gesetz zu unterwerfen, das nur einigen melancholischen Menschen entspricht und das sie auf ihren Charakter zugeschnitten haben. Es ist mit den Religionen wie mit den Klosterregeln: sie lockern sich mit der Zeit. Es ist ein Wahn, der nicht standhält gegen den dauernden Einfluß der Natur, die uns immer zu ihrem eigenen Gesetz zurückführt. Machen Sie, daß der Vorteil des einzelnen so eng mit dem Vorteil der Allgemeinheit verbunden ist, daß ein Bürger der Gesellschaft nicht schaden kann, ohne sich selbst zu schaden, sichern Sie der Tugend ihren Lohn zu, wie Sie der Bosheit ihre Strafe folgen lassen, so daß das Verdienst ohne Unterschied des Glaubens und der Herkunft die höchsten Stellen im Staat erhält, und rechnen Sie mit Schlechtigkeit nur bei einer kleinen Anzahl Menschen, deren perverse Natur durch nichts zu bessern ist und sie zum Laster zieht. Frau Marschallin, die Versuchung ist zu nahe, die Hölle zu weit. In einem System verrückter Meinungen, das nur Kindern imponiert, dürfen Sie nichts erwarten, das die ernsthafte Untersuchung eines weisen Gesetzgebers wert wäre! … Es reizt zum Verbrechen durch die Leichtigkeit der Sühne, es schickt den Schuldigen zu Gott, um Verzeihung zu bitten für das Unrecht, das er den Menschen getan hat, und erniedrigt die natürlichen und moralischen Pflichten, indem es sie eingebildeten Pflichten unterordnet.

Marschallin: Ich verstehe Sie nicht.

Crudeli: Ich will mich erklären: aber mir scheint, ich höre den Wagen des Marschalls. Er kommt zur rechten Zeit, um mich daran zu hindern, eine Dummheit zu sagen.

Marschallin: Sagen Sie ruhig Ihre Dummheit, ich werde sie nicht hören. Ich habe mich daran gewöhnt, nur das zu hören, was mir gefällt.

Crudeli: (Ich näherte mich ihrem Ohr und flüsterte leise:) Frau Marschallin, fragen Sie den Beichtvater, welche Sünde entsetzlicher ist: ein heiliges Gefäß zu verunreinigen oder den Ruf einer anständigen Frau zu verderben. Bei der ersten wird er vor Entsetzen erschauern und Kirchenschändung schreien. Und das bürgerliche Gesetz, das von der Verleumdung kaum Notiz nimmt, straft die Kirchenschändung mit Feuer und vollendet noch die Verwirrung der Begriffe und die Verderbnis der Menschen.

Marschallin: Ich kenne mehr als eine Frau, die sich nicht wagen würde, freitags Fleisch zu essen und dabei … Jetzt hätte ich beinahe auch eine Dummheit gesagt. Sprechen Sie weiter!

Crudeli: Aber gnädige Frau, ich muß unbedingt den Herrn Marschall sprechen.

Marschallin: Nur noch einen Moment, dann gehen wir zusammen zu ihm. Ich weiß nicht recht, was ich Ihnen antworten soll, und doch überzeugen Sie mich nicht.

Crudeli: Ich will Sie gar nicht überzeugen. Es ist mit der Religion wie mit der Ehe: die Ehe wird so vielen zum Verderben – für uns und den Herrn Marschall wurde sie zum Glück. Sie haben gut getan, sich zu heiraten. Die Religion hat so viele Menschen böse gemacht, tut es noch und wird es immer tun – Sie aber sind an ihr besser geworden. Sie tun gut, ihr treu zu bleiben. Es ist Ihnen ein süßer Gedanke, sich ein Wesen neben sich, über Ihrem Haupte vorzustellen, das Sie auf der Erde wandeln sieht – er festigt Ihren Schritt. Erhalten Sie sich diesen hohen Beschützer Ihrer Gedanken, diesen Zuschauer, dieses erhabene Vorbild Ihrer Handlungen.

Marschallin: Sie haben, wie ich sehe, nicht den Ehrgeiz, Proselyten zu machen.

Crudeli: Keineswegs.

Marschallin: Ich schätze Sie dafür um so mehr.

Crudeli: Ich erlaube jedem, auf seine Weise zu denken, vorausgesetzt, daß man mir die meine läßt. Im übrigen haben es diejenigen, die befähigt sind, sich von den Vorurteilen zu befreien, nicht nötig, sich belehren zu lassen.

Marschallin: Glauben Sie, daß der Mensch ohne Aberglauben leben kann?

Crudeli: Nein, solange er unwissend und feige ist.

Marschallin: Na also. Ein Aberglaube ist wie der andere, was tut's, ob unserer oder ein anderer.

Crudeli: Das denke ich nicht.

Marschallin: Sagen Sie die Wahrheit, widerstrebt es Ihnen nicht, nach dem Tode gar nichts mehr zu sein?

Crudeli: Ich möchte lieber weiterleben, obwohl ich nicht einsehe, warum ein Wesen, das mich ohne Grund einmal unglücklich gemacht hat, das nicht auch ein zweites Mal tun sollte.

Marschallin: Wenn Ihnen trotz dieser Möglichkeit die Hoffnung auf ein Leben nach dem Tode tröstlich und süß erscheint, warum sie uns nehmen?

Crudeli: Ich habe diese Hoffnung nicht, weil der Wunsch nicht Vater des Gedankens ist, aber ich entreiße sie niemandem. Wenn man glauben kann, zu sehen, wenn man keine Augen mehr hat; zu hören, wenn man keine Ohren mehr hat; zu denken, wenn man keinen Kopf mehr hat; zu lieben, wenn man kein Herz mehr hat; zu fühlen, wenn man keine Sinne mehr hat; zu sein, wenn man nirgends mehr ist; etwas zu sein ohne Ausdehnung und ohne Raum, dann bin ich einverstanden.

Marschallin: Aber wer hat diese Welt erschaffen?

Crudeli: Das frage ich Sie.

Marschallin: Gott.

Crudeli: Was ist Gott?

Marschallin: Ein Geist.

Crudeli: Wenn ein Geist Materie schafft, warum macht er aus der Materie keinen Geist?

Marschallin: Und warum sollte er das tun?

Crudeli: Es ist nur, weil ich es ihn alle Tage tun sehe. Glauben Sie, daß die Tiere eine Seele haben?

Marschallin: Gewiß glaube ich das.

Crudeli: Und können Sie mir sagen, was zum Beispiel aus der Seele der peruanischen Schlange wird, während das Tier zwei Jahre lang im Rauchfang trocknet?

Marschallin: Mag aus ihr werden, was will, was kümmert's mich?

Crudeli: Weil die Frau Marschallin nicht weiß, daß diese geräucherte, vertrocknete Schlange aufersteht und wiedergeboren wird.

Marschallin: Das glaube ich nicht.

Crudeli: Es war aber ein sehr kluger Mann, der es erzählt hat, Bouguer nämlich versichert es.

Marschallin: Ihr kluger Mann hat gelogen.

Crudeli: Wenn er nun aber die Wahrheit gesagt hätte?

Marschallin: Dann brauchte ich ja nur anzunehmen, daß die Tiere Maschinen sind.

Crudeli: Und der Mensch – er ist doch nur ein etwas vollkommeneres Tier als die übrigen ... Aber der Herr Marschall...

Marschallin: Noch eine Frage, die letzte. Sind Sie ganz ruhig in Ihrem Unglauben?

Crudeli: Ich könnte gar nicht ruhiger sein.

Marschallin: Wenn Sie sich aber nun doch irrten?

Crudeli: Und wenn ich mich irrte?

Marschallin: Dann wäre alles richtig, was Sie für falsch halten, und Sie wären verdammt. Herr Crudeli, es ist furchtbar, verdammt zu sein – eine ganze Ewigkeit brennen, das ist lang!

Crudeli: La Fontaine glaubte, wir würden uns fühlen wie der Fisch im Wasser.

Marschallin: Ja, ja – aber Ihr La Fontaine wurde sehr ernst in seinem letzten Stündchen –, und dort erwarte ich Sie.

Crudeli: Ich steh' für nichts, wenn mein Kopf nicht mehr klar ist; aber wenn ich an einer Krankheit sterbe, die dem Menschen bis zuletzt die Vernunft läßt, dann werde ich in dem Augenblick, in dem Sie mich erwarten wollen, nicht verwirrter sein als jetzt.

Marschallin: Diese Kühnheit bringt mich in Verwirrung.

Crudeli: Ich finde sie viel größer bei einem Sterbenden, der an einen strengen Richter glaubt, der unsere geheimsten Gedanken wägt und auf dessen Waage der tugendhafteste Mensch durch seinen Stolz verloren wäre, wenn er nicht zitterte, zu leicht befunden zu werden: wenn dieser Sterbende dann die Wahl hätte, entweder vernichtet zu werden oder sich diesem Gericht zu stellen, dann würde mich seine Kühnheit mehr in Verwirrung setzen, wenn er zögerte, den ersten Weg zu wählen, es sei denn, er wäre noch unsinniger als der

Freund des heiligen Bruno oder berauschter von seinen Verdiensten als Buhola.

Marschallin: Die Geschichte von dem Freunde des heiligen Bruno habe ich gelesen, aber von Ihrem Buhola habe ich noch nie etwas gehört.

Crudeli: Er war Jesuit in einem Kollegium in Pinsk in Litauen. Er hinterließ bei seinem Tode eine Kassette voll Geld mit einem handgeschriebenen und unterzeichneten Brief.

Marschallin: Was war das für ein Brief?

Crudeli: Er lautete folgendermaßen: ›Ich bitte meinen lieben Bruder und Verwahrer dieser Kassette, sie zu öffnen, wenn ich Wunder getan haben werde. Das Geld soll die Kosten für meine Seligsprechung decken. Ich habe einige authentische Erinnerungen beigefügt zum Beweise meiner Tugenden – sie werden für denjenigen, der es unternimmt, mein Leben zu beschreiben, von Nutzen sein.‹

Marschallin: Das ist ja zum Totlachen!

Crudeli: Für mich schon, Frau Marschallin. Aber für Sie?! Ihr Gott versteht keinen Spaß.

Marschallin: Da haben Sie recht.

Crudeli: Frau Marschallin, es ist doch sehr leicht, sich schwer an Ihrem Gesetz zu versündigen.

Marschallin: Das gebe ich zu.

Crudeli: Das Gericht, das über Ihr ewiges Los entscheidet, ist sehr streng.

Marschallin: Das ist wahr.

Crudeli: Und wenn Sie dem Orakel Ihrer Religion Glauben schenken, so ist die Zahl der Auserwählten sehr klein.

Marschallin: Oh, ich bin keine Jansenistin. Ich sehe nur die tröstliche Seite der Medaille: das Blut Christi bedeckt einen großen Raum in meinen Augen. Und es schiene mir sehr merkwürdig, wenn der Teufel, der seinen Sohn nicht geopfert hat, den Sieg davontragen sollte.

Crudeli: Verdammen Sie Sokrates, Phokion, Aristides, Cato, Trajan, Marc Aurel?

Marschallin: Pfui doch! So könnten nur wilde Tiere denken. Paulus hat gesagt, jeder wird nach dem Gesetz gerichtet, das er gekannt hat – und Sankt Paulus hat recht.

Crudeli: Und nach welchem Gesetz wird der Ungläubige gerichtet?

Marschallin: Ihr Fall liegt ein wenig anders: Sie gehören zu den verfluchten Bewohnern von Chorazin und Bethsaida, die ihre Augen dem Licht verschlossen, das ihnen leuchtete, und ihre Ohren verstopften, um die Stimme der Wahrheit nicht zu hören, die zu ihnen sprach.

Crudeli: Frau Marschallin, solche Choraziner und Bethsaidaner hat es nur dort und sonst nirgends gegeben, die frei gewesen wären, zu glauben oder nicht zu glauben.

Marschallin: Sie haben Wunder geschaut, daß sie hätten in Sack und Asche büßen müssen, wenn sie aus Tyrus oder Sidon gewesen wären.

Crudeli: Das liegt doch einfach daran, daß die Bewohner von Tyrus und Sidon klug waren, und die Choraziner und Bethsaidaner nur Dummköpfe. Aber wird er, der sie zu Dummköpfen gemacht hat, sie dafür strafen, daß sie solche sind? Ich habe Ihnen da eben eine Anekdote erzählt und hätte die größte Lust, Ihnen jetzt ein Geschichtchen zu erzählen. Ein junger Mexikaner … Aber der Herr Marschall?

Marschallin: Ich lasse nachfragen, ob er Sie empfangen kann. Nun, Ihr Mexikaner?

Crudeli: Eines Tages ging er müde von seiner Arbeit am Meer spazieren. Da sah er ein Brett, von dem ein Ende ins Wasser ragte, während das andere am Strande lag. Und da – seine Blicke tauchten in die Unendlichkeit, die sich vor ihm ausbreitete – dachte er: ›Meine Großmutter faselt bestimmt mit ihrem Gerede von, ich weiß nicht, welchen Leuten, die irgendwann hier gelandet sein sollen aus irgendeiner Gegend von jenseits des Meeres. Das ist widersinnig: ich sehe doch, wie der Himmel mit dem Meere zusammenstößt. Soll ich, kann ich gegen das Zeugnis meiner Sinne eine alte Fabel glauben, von der man nicht einmal die genaue Zeit weiß und die jeder nach seiner Weise erzählt? Sie ist auch nur eine Anhäufung von unsinnigen Umständen – und dafür fressen sie sich die Herzen und reißen sich gegenseitig die Augen aus.‹ So überlegte er, und die Wasser wiegten ihn auf seinem Brett, bis er einschlief. Während er schlummert, wird der Wind stärker, die Woge hebt das Brett, auf dem er liegt, und siehe da, unser junger Denker treibt auf dem Wasser!

Marschallin: O ja, das ist genau unser Sinnbild: wir liegen jeder auf seinem Brett, der Wind weht, und die Welle trägt uns fort.

Crudeli: Er war schon weit weg vom Lande, als er erwachte. Wer sehr erstaunt war, auf hoher See zu sein, war unser Mexikaner. Und noch mehr war er's, als er das Ufer, an dem er eben noch spazierengegangen war, aus den Augen verloren hatte, und das Meer nun auf allen Seiten mit dem Himmel zusammenzustoßen schien. Da ahnte er, daß er sich wohl geirrt haben mußte. Und wenn der Wind so weiter wehte, könnte er ihn wohl auch an einen neuen Strand treiben und zu jenen Leuten, von denen ihm seine Großmutter so oft erzählt hatte.

Marschallin: Und von seiner Angst sagen Sie mir kein Wort?

Crudeli: Er hatte keine. Er sagte sich: ›Was kann mir das ausmachen? Hauptsache, ich finde Land. Ich habe gedacht und geschlossen wie ein Leichtsinniger, aber ich war ehrlich gegen mich selber. Und das ist alles, was man von mir verlangen kann. Wenn es keine Tugend ist, klug zu sein, so ist Dummheit auch kein Laster.‹ Indessen blies der Wind weiter, der Mann und das Brett schwammen; das unbekannte Ufer tauchte auf: er berührt es und ist da.

Marschallin: Wir werden uns eines Tages dort wiedertreffen, Herr Crudeli.

Crudeli: Ich hoffe es, Frau Marschallin. Wo es auch sein mag, ich werde mich immer geschmeichelt fühlen, Ihnen den Hof machen zu können. – Kaum hatte er sein Brett verlassen und den Fuß auf den Sand gesetzt, als er einen ehrwürdigen Greis neben sich erblickte. Er fragte ihn, wo er sei und mit wem er die Ehre habe zu sprechen: ›Ich bin der Herr dieses Landes‹, antwortete ihm der Greis. Sogleich warf der junge Mann sich ihm zu Füßen. ›Steht auf‹, sagte der Greis. ›Ihr habt meine Existenz geleugnet?‹ – ›Ja.‹ – ›Und die meines Reiches?‹ – ›Ja.‹ – ›Ich vergebe Euch, denn ich sehe auf den Grund der Herzen, und ich habe in dem Euren gelesen, daß Ihr guten Glaubens gewesen seid. Aber Eure übrigen Gedanken und Taten sind durchaus nicht so unschuldige.‹ Damit nahm ihn der Greis beim Ohr und erinnerte ihn an alle Irrtümer seines Lebens, und bei jedem Punkt verneigte sich der junge Mexikaner, schlug sich an die Brust und bat um Verzeihung … Und jetzt, Frau Marschallin, versetzen Sie sich einen Augenblick an die Stelle des Greises und sagen Sie mir, was Sie getan hätten! Hätten Sie den jungen Brausekopf bei den Haaren ergriffen, und hätte es Ihnen gefallen, ihn durch die Ewigkeit auf dem Ufer herumzuzerren?

Marschallin: Das wahrhaftig nicht!

Crudeli: Wenn eins Ihrer hübschen Kinderchen, nachdem es das Vaterhaus verlassen und eine Menge Dummheiten gemacht hätte, recht reumütig dahin zurückkäme?

Marschallin: Ich würde ihm entgegeneilen, würde es in meine Arme schließen, mit meinen Tränen benetzen, aber der Marschall, ihr Vater, würde die Sache nicht so sanft nehmen.

Crudeli: Der Herr Marschall ist doch kein Tiger?

Marschallin: Gewiß nicht!

Crudeli: Er würde sich vielleicht ein wenig bitten lassen, aber er würde verzeihen.

Marschallin: Bestimmt.

Crudeli: Besonders, wenn er bedächte, daß ihm, schon ehe er dieses Kind zeugte, dessen ganzer Lebenslauf bekannt war und daß die Strafe für seine Sünden weder für ihn, noch für den Schuldigen, noch für dessen Brüder von Nutzen sein würde.

Marschallin: Der Greis und der Marschall sind zwei!

Crudeli: Sie wollen sagen, der Herr Marschall ist besser als der Greis?

Marschallin: Gott behüte! Ich will sagen, daß, wenn meine Gerechtigkeit nicht die des Marschalls ist, die des Marschalls auch nicht der Gerechtigkeit des Greises gleich zu sein braucht.

Crudeli: Ach, gnädige Frau, Sie fühlen nicht die Folgen dieser Antwort! Entweder die allgemeine Erklärung gilt gleicherweise für Sie, den Marschall, mich, den jungen Mexikaner und den Greis – oder ich weiß nicht mehr, was es ist, und kann auf keine Weise klar werden, wie man ihm gefallen oder mißfallen muß.

So weit waren wir gekommen, als ein Diener erschien und erklärte, daß der Marschall uns erwarte. Ich reichte der Frau Marschallin die Hand, und sie sagte zu mir: »Das macht einen ganz wirbelig im Kopf, nicht?«

Crudeli: Wieso eigentlich? Vorausgesetzt, daß er gut und fest ist?

Marschallin: Trotzdem, das Einfachste ist, so zu leben, als ob der Greis existiere.

Crudeli: Selbst wenn man nicht an ihn glaubt.

Marschallin: Und wenn man an ihn glaubt, nicht auf seine Güte zu rechnen.

Crudeli: Wenn das auch nicht eben sehr höflich ist, so ist es doch höchst ratsam.

Marschallin: Übrigens, wenn Sie unseren Gerichten über Ihre Grundsätze Rechenschaft geben müßten, würden Sie sie zugeben?

Crudeli: Ich würde alles tun, ihnen eine grausige Untat zu ersparen.

Marschallin: Ach, da sieht man's: der Feigling! Und wenn es ans Sterben ginge, würden Sie sich den Zeremonien der Kirche unterwerfen?

Crudeli: Daran sollte es nicht fehlen.

Marschallin: Pfui, so ein Heuchler!

Über die Frauen

Ich liebe Thomas. Ich schätze seine stolze Seele und seinen edlen Charakter! Er ist ein Mann mit viel Geist, durch und durch anständig, also kein gewöhnlicher Mensch. Nach seiner »Abhandlung über die Frauen« zu urteilen, hat er jedoch nicht genug Leidenschaft erlebt, jene Leidenschaft, die ich mehr um der Leiden willen preise, deren sie uns getröstet, als wegen der Freuden, die sie uns schenkt. Er hat viel gedacht, aber nicht genug gefühlt. Sein Kopf hat sich gequält, aber sein Herz ist ruhig geblieben. Ich hätte mit weniger Unparteilichkeit und Weisheit geschrieben; aber ich hätte mich mit mehr Interesse und Wärme mit dem einzigen Wesen der Natur beschäftigt, das uns Gefühl für Gefühl eintauscht und das glücklich ist in dem Glück, das es uns schenkt. Fünf oder sechs schwungvolle Seiten in seinem Aufsatz hätten den strengen Zusammenhang seiner subtilen Beobachtungen aufgelockert und ein reizvolles Werk daraus gemacht. Aber er wollte, daß sein Buch keinem Geschlecht angehöre. Und das ist ihm unglücklicherweise nur allzu gut gelungen. Es ist ein Hermaphrodit, dem der männliche Nerv ebenso fehlt wie die weibliche Weichheit. Dennoch wären wenige unserer Tagesschriftsteller zu einer solchen Arbeit fähig gewesen, in der sich Wissenschaftlichkeit, Vernunft, Feinheit, Stil und Harmonie zusammenfinden. Aber es ist nicht genügend Abwechslung, es fehlt jene Beweglichkeit, die sich der unendlichen Vielfalt eines in seiner Kraft und Schwäche außerordentlichen Wesens anpaßt, das beim Anblick einer Maus oder einer Spinne in Ohnmacht fällt und dabei manchmal den fürchterlichsten Schrecken des Lebens standhält. Die Frauen setzen uns vor allem in Erstaunen in der Liebesleidenschaft, in Anfällen von Eifersucht, im Überschwang der Mutterliebe, in den Augenblicken des Aberglaubens, der Art, wie sie auf Massenpsychosen reagieren: sie können schön sein wie die Engel Klopstocks oder fürchterlich wie Miltons Teufel. Ich habe Liebe, Leidenschaft, Eifersucht, Aberglauben, Zorn in Frauen so ins Maßlose gesteigert gesehen, wie es bei Männern nie möglich wäre. Der Gegensatz heftiger Erregung zu der Zartheit ihrer Züge macht sie häßlich. Sie werden geradezu entstellt dadurch. Die Zerstreuungen unseres beschäftigten und kampferfüllten Lebens zerbrechen unsere Leidenschaften. Die Frau hütet die ihren. Es ist ein fester Punkt, auf dem ihre Muße, die Nichtigkeit ihrer Aufgaben ihren Blick unwandelbar festhält. Der Punkt dehnt sich ins Maßlose, und zum Wahnsinn fehlt der leidenschaftlichen Frau nur die absolute Einsamkeit, die sie sucht. Die Unterwerfung unter einen Herrn, der ihr mißfällt, ist ihr eine Qual. Ich habe eine anständige Frau vor Entsetzen zittern sehen, sobald ihr Mann in ihre Nähe kam; ich habe sie sich ins Bad stürzen sehen und gesehen, wie sie sich immer noch nicht genügend reingewaschen glaubte von der Beschmutzung durch ihre Gattenpflicht. Diese Art Widerwille ist uns fast unbekannt. Wir sind da weniger empfindlich. Manche Frau stirbt, ohne das Höchstmaß der Wollust empfunden zu haben. Dieses Gefühl, das ich als eine vorübergehende Raserei ansehen möchte, ist bei ihnen selten, während es uns nie enttäuscht, wenn wir es rufen. Sie, die Frauen, flieht das höchste Glück in den Armen des Mannes, den sie anbeten. Wir finden es an der Seite einer willigen Frau, die uns mißfällt. Sie sind weniger Herr ihrer Sinne als wir. So ist auch die Befriedigung weniger unmittelbar und sicher für sie. Hundertmal wird ihre Erwartung enttäuscht. Ihr Organismus ist so völlig verschieden von dem unseren, der Trieb zur Wollust in ihnen so zart, seine Quelle liegt so tief und fern, daß es nicht verwunderlich ist, wenn die Lust gar nicht kommt oder sich auf dem Wege verirrt. Wenn eine Frau Schlechtes sagt über die Liebe und ein Literat die öffentliche Meinung verachtet, so kann man immer sagen, daß die Reize der einen schwinden und das Talent des anderen nachläßt. Niemals hat sich ein Mann auf den heiligen Dreifuß von Delphi gesetzt, die Rolle der Pythia steht nur einer Frau an, nur ein Frauenhirn kann so weit außer sich geraten, daß es ernsthaft die Annäherung eines Gottes fühlt, sich erregt, die Haare rauft, schäumt und schreit: »Ich fühle ihn, ich fühle, da ist er, der Gott«, und seine Worte wahrhaft nachformt. Ein in seinen Gedanken ebenso wie in seinen Worten glühender Einsiedler sagte zu den Ketzerführern seiner Zeit: ›Wendet euch an die Frauen, ihnen offenbart sich Gott direkt; denn sie sind unwissend. Sie verbreiten die Lehre schnell; denn sie sind leicht; sie halten am längsten stand; denn sie sind hartnäckige.‹ Sie sind undurchdringlich, wenn sie sich verstellen, grausam in der Rache, unerschütterlich in ihren Plänen, skrupellos in ihren Mitteln, voll tiefen, geheimen Hasses gegen die Herrschaft des Mannes. Es scheint unter ihnen eine selbstverständliche Verschwörung um die Macht zu bestehen, eine Art Geheimbund, wie er noch die Priester aller Völker verbindet. Sie kennen die Statuten, ohne sie sich gegenseitig gesagt zu haben. In ihrer angeborenen Neugier wollen sie alles wissen, entweder um es zu gebrauchen oder um es zu mißbrauchen. In Zeiten der Revolution geben sie sich aus Neugier den Parteiführern hin. Wer sie verrät, ist ihr unerbittlicher Feind. Liebt ihr sie, so werden sie euch ins Verderben stürzen, sich selbst mit hineinreißen. Durchkreuzt ihre ehrgeizigen Pläne, und in ihrem Herzen wird das vorgehen, was der Richter Roxane in den Mund legt:

Trotz aller meiner Liebe, so er nicht
Sich heut als Gatte liebend mir verbindet,
So er verhaßt' Gesetz mir auferlegt,
Die alles für ihn tat – tut er nicht alles
Für mich, verlass' ich ihn, so sehr ich liebe,
Den Ungetreuen, unbekümmert, ob
Ich untergehe, und stoß' ihn zurück
Ins grause Elend, aus dem ich ihn zog.

Alle sollen hören, was ein anderer, weniger eleganter Dichter zu einer von ihnen sagt:

Oh, stete Beute eurer Leidenschaft,
Verstandet eure Macht ihr zu erhalten,

Ihr liebet niemals; euer freches Herz
Sucht Herrschaft über den, der liebt, nicht Liebe.
Daß man euch herrschen läßt, scheint alles recht;
Doch ihr verachtet selbst den höchsten Freund,
Bringt er zum Opfer eurer Augen Macht
Nicht Ehre, Pflicht, Gerechtigkeit und Gott.

Sie täuschen die Trunkenheit der Leidenschaft vor, wenn ihnen sehr viel daran liegt, euch zu betrügen. Sie werden sie sogar empfinden, ohne sich zu vergessen. Der Augenblick, in dem sie ganz ihrem Plane leben, ist manchmal eben der der Hingabe. Sie betrügen sich selbst mehr als wir in dem, was ihnen gefällt. Stolz ist mehr ihr Fehler als unserer. Eine junge Samojedin tanzte nackt mit einem Dolch in der Hand. Sie schien sich zu erstechen, aber sie wich ihren eigenen Stichen so geschickt aus, daß sie ihre Landsleute überzeugt hatte, ein Gott mache sie unverwundbar. Damit war ihre Person geheiligt. Diesem religiösen Tanz wohnten einige europäische Reisende bei; obgleich sie überzeugt waren, daß das Weib nur eine sehr geschickte Gauklerin war, täuschte es doch ihre Augen durch die Geschwindigkeit seiner Bewegungen. Am nächsten Tag baten sie es, nochmals zu tanzen. Es erklärte: »Nein, ich tanze nicht, der Gott will es nicht, ich würde mich verwunden.« Man ließ nicht nach mit Bitten, die Eingeborenen schlossen sich dem Wunsch der Europäer an. Die Frau tanzte, sie wurde entlarvt. Sie bemerkte es und lag augenblicklich am Boden, den Dolch tief im Leib. »Ich ahnte es«, sagte sie zu denen, die ihr zu Hilfe eilten, »der Gott hat es nicht gewollt. Ich mußte mich verletzen.« Was mich überrascht, ist nicht, daß sie den Tod der Schande vorgezogen hat, sondern daß sie sich hat heilen lassen. Aber haben wir nicht heute eine jener Frauen gesehen, die die martervolle Kindheit der Kirche darstellte; Hände und Füße ans Kreuz genagelt, die Seite von einer Lanze durchbohrt, hielt sie inmitten qualvoller Schmerzen ihre Rolle durch, während kalter Schweiß von ihren Gliedern rann und die Augen vom Schleier des Todes bereits getrübt wurden, da wendete sie sich noch an den Anführer der fanatischen Herde und sagte ihm, nicht etwa mit leidender Stimme: »Vater, ich will schlafen«, sondern mit kindlicher Stimme: »Papa, heia machen.« Auf einen Mann kommen hundert Frauen, die zu einer derartigen Kraft und Geistesgegenwart fähig sind. Die gleiche Frau oder eine ihrer Freundinnen sagte zu dem jungen Dudoyer und blickte ihn zärtlich an, während er ihr mit einer Zange die beiden Nägel herauszog, die ihre Füße durchbohrten: »Der Gott, von dem wir diese Wundergabe erhalten haben, hat uns nicht immer auch die Heiligkeit geschenkt.« Madame de Staal wird in die Bastille gebracht mit ihrer Herrin, der Herzogin du Maine. Sie stellt fest, daß Madame du Maine alles gestanden hat. Augenblicklich fängt sie an zu weinen, wälzt sich am Boden, schreit: »Meine arme Herrin ist wahnsinnig geworden!« Erwarten Sie nichts derartiges von einem Manne. Die Frau besitzt einen Sinn, der bis zu den fürchterlichsten Krämpfen reizbar ist, sie beherrscht und in ihrer Phantasie Phantome jeder Art erweckt. Im hysterischen Delirium kehrt sie in die Vergangenheit zurück, schwingt sich in die Zukunft, alle Zeiten sind ihr Gegenwart. All diese ausgefallenen Ideen entspringen ihrem Geschlecht. Ist die Frau in ihrer Jugend hysterisch, so wird sie im Alter fromm. Eine Frau, die sich bis ins Alter eine gewisse Energie erhalten hat, war in der Jugend bestimmt hysterisch. Ihr Kopf spricht noch die Sprache ihrer Sinne, wenn sie schon stumm geworden sind.

Es gibt nichts Verwandteres als Ekstase, Vision, Prophetentum, Offenbarung, trunkene Poesie und Hysterie. Wenn die Karschin aus Preußen ihr Auge zum blitzeflammenden Himmel erhebt, sieht sie Gott in der Wolke. Sie sieht, wie er aus einem Zipfel seines schwarzen Gewandes Blitze auf das Haupt des Bösen schleudert. Sie sieht das Haupt des Bösen. Die Nonne in ihrer Zelle fühlt sich in die Luft gehoben, ihre Seele sinkt an den Busen der Gottheit. Ihr Wesen vereint sich mit dem göttlichen Wesen, ihr schwinden die Sinne, sie stirbt dahin, ihre Brust hebt und senkt sich mit rasender Geschwindigkeit, ihre um sie versammelten Gefährtinnen zerschneiden die Bänder ihrer Kleidung, die sie beengen. Die Nacht kommt. Sie hört himmlische Chöre. Ihre eigene Stimme mischt sich in das Konzert. Dann kehrt sie auf die Erde zurück, spricht von unendlichen Freuden, man hört ihr zu, sie ist überzeugt, sie überzeugt. Eine von Hysterie beherrschte Frau empfindet irgendwie Höllenqualen oder Himmelsfreuden. Manchmal hat mich das erschauern lassen. Ich habe sie in der Wut des wilden Tieres, das immer ein Teil ihrer selbst ist, gesehen und gehört. Wie sie fühlte! wie sie redete! Was sie sprach, war nicht mehr irdisch. Die Guyon hat in ihrem Buch ›Wasserfälle‹ stellenweise einen Schwung der Beredsamkeit, der ohne Beispiel ist. Die heilige Therese hat von den Dämonen gesagt: ›Sie sind so unglücklich, sie lieben nicht.‹ Der Quietismus ist die Heuchelei des perversen Mannes und die wahre Religion der liebevollen Frau. Dennoch hat es einen Mann gegeben von seltener Lauterkeit des Charakters und Einfachheit der Sitten, daß sich eine liebenswürdige Frau ohne weiteres neben ihm vergessen und in Gott versenken konnte. Aber dieser Mann war einzig. Er hieß Fénélon. Es war eine Frau, die mit nackten Füßen und offenem Haar durch die Straßen von Alexandrien lief, eine Fackel in der einen Hand, in der anderen ein Sieb, und rief: »Ich will den Himmel verbrennen mit dieser Fackel und die Hölle löschen mit diesem Wasser, auf daß der Mensch seinen Gott nur um seiner selbst willen liebe.« Diese Rolle steht nur einer Frau an. Aber diese wilde Phantasie, dieser scheinbar unbezwingbare Geist – ein Wort schlägt sie nieder. Ein Arzt sagte in Bordeaux zu einer Reihe Frauen, die unter erschreckenden Anfällen litten, daß sie bereits in den Wechseljahren seien. Sofort waren sie geheilt. Ein Arzt bewegte ein glühendes Eisen vor den Augen einer Schar junger Mädchen, die unter epileptischen Anfällen litten, sie waren sofort geheilt. Der Stadtrat von Milet hatte erklärt, die erste Frau, die sich das Leben nähme, werde nackt auf dem Markt ausgestellt. Daraufhin waren die milesischen Frauen mit dem Leben wieder ausgesöhnt. Die Frauen unterliegen einer epidemischen Wildheit. Das Beispiel einer einzigen reißt eine Masse mit sich. Nur die erste ist strafbar, die andern sind krank. O Frauen, ihr seid merkwürdige Kinder! Mit ein wenig schmerzlichem Gefühl und Empfindsamkeit (Herr Thomas, warum haben Sie sich diesen beiden

Fähigkeiten nicht hingegeben, sie sind Ihnen doch nicht fremd), wieviel Rührung hätten Sie uns dann nicht geschenkt, wenn Sie uns die Frauen gezeigt hätten, wie sie mehr als wir den Schwächen und Krankheiten der Kindheit unterworfen sind, mehr als wir beengt und vernachlässigt in ihrer Erziehung, dabei den gleichen Launen des Schicksals unterworfen bei einer labileren Seele, zarterem Körper und ohne jene natürliche oder erworbene Festigkeit, die uns für die Schwierigkeiten des Lebens wappnet – zum Schweigen gezwungen, sobald sie erwachsen sind, empfinden sie ein Unbehagen, das sie dazu bestimmt, Frauen und Mütter zu werden: sie sind dann traurig, unruhig, melancholisch neben ihren Eltern, die nicht nur um die Gesundheit und das Leben ihres Kindes, sondern auch um seinen Charakter bangen: denn in diesem kritischen Augenblick wird das junge Mädchen das, was sie ihr ganzes Leben lang bleiben wird: scharfsinnig oder einfältig, traurig oder fröhlich, ernst oder leicht, gut oder böse, die Hoffnung der Mutter wird entweder enttäuscht oder verwirklicht. Lange Jahre hindurch bringt nun jeder Monat das gleiche Unwohlsein. Der Augenblick ist gekommen, der sie von der Vormundschaft ihrer Eltern befreit. Ihre Phantasie öffnet ihr eine Zukunft voller Illusionen, ihr Herz schwimmt in geheimer Freude. Freu dich, unglückliches Wesen! Die Zeit hätte die Abhängigkeit mehr und mehr verringert, der du dich entziehst. Die Zeit wird unaufhaltsam die Abhängigkeit vergrößern, in die du dich begibst. Man wählt ihr einen Gatten. Sie wird Mutter. Die Schwangerschaft ist für fast alle Frauen mühsam. In Schmerzen, mit Gefahr ihres Lebens, auf Kosten ihrer

Reize und oft ihrer Gesundheit schenken sie Kindern das Leben. Die erste Wohnung des Kindes und die beiden Quellen seiner Nahrung, diese beiden wesentlichen Organe des Geschlechtes, sind zwei unheilbaren Krankheiten ausgesetzt. Der Mutter Freude, die ihr Erstgeborenes erblickt, ist vielleicht kein Glück vergleichbar, aber dieser Augenblick wird teuer bezahlt. Der Vater vertraut die Sorge um seine Söhne einem Mietling an, die Obhut der Töchter bleibt Aufgabe der Mutter. Sie wird älter, die Schönheit schwindet, es kommen die Jahre der Verlassenheit und Launenhaftigkeit und der Langenweile. Durch Unwohlsein hat die Natur sie zur Mutterschaft befähigt, durch eine lange und gefährliche Krankheit nimmt sie ihnen diese Fähigkeit wieder. Was ist die Frau dann? Von ihrem Gatten vernachlässigt, verlassen von ihren Kindern, ohne Bedeutung in der Gesellschaft, bleibt ihr als einzige und letzte Ausflucht die Frömmigkeit. In fast allen Ländern hat sich die Grausamkeit des bürgerlichen Gesetzes mit der Grausamkeit der Natur gegen die Frau verbündet. Sie werden behandelt wie idiotische Kinder. Keine Art Quälerei, die der Mann bei den zivilisierten Völkern nicht straflos an der Frau begehen könnte. Die einzige Vergeltung, die sie üben kann, bringt das Zerwürfnis der Ehe und wird gestraft mit einer mehr oder weniger sichtbaren Verachtung, je nach der mehr oder weniger großen Gesittung der Nation. Es gibt keine Art von Quälerei, die der Wilde nicht gegen seine Frau anwendet. Die Frau ist unglücklich in den Städten, aber noch unglücklicher in der tiefen Wildnis. Hören wir, was eine Indianerin vom Orinoco darüber zu sagen hat, hört es und, wenn ihr könnt, bleibt ungerührt. Der Jesuitenmissionar Gumilla machte ihr Vorwürfe, weil sie ein Mädchen, das sie geboren hatte, tötete, indem sie ihm die Nabelschnur zu kurz abschnitt. ›Ich wünschte, es hätte Gott gefallen, meiner Mutter im Augenblick, als sie mich zur Welt brachte, genügend Liebe und Mitleid einzuflößen, um ihrem Kinde das zu ersparen, was ich erlitten habe und bis zum Ende meiner Tage noch erleiden werde! Hätte mich meine Mutter bei meiner Geburt erstickt, wäre ich tot, aber ich hätte den Tod nicht gefühlt und wäre dem denkbar unglücklichsten Leben entgangen. Was habe ich gelitten! Und wer weiß, was ich noch alles leiden muß, bis ich sterbe. Stelle dir die Qualen vor, Vater, die einer Indianerin unter Indianern beschieden sind. Sie begleiten uns aufs Feld mit ihrem Pfeil und Bogen. Wir schleppen uns mit einem Kind, das an unserer Brust hängt, und mit einem zweiten, das in einem Korbe sitzt. Sie töten einen Vogel oder fangen einen Fisch. Wir graben die Erde um, und wenn wir die ganze Last der Feldbestellung getragen haben, tragen wir die der Ernte. Sie kehren abends unbelastet zurück, wir bringen ihnen Wurzeln zur Nahrung und Mais zum Getränk. Wenn sie nach Hause zurückgekehrt sind, unterhalten sie sich mit ihren Freunden. Wir holen Holz und Wasser, um ihnen ihr Abendbrot zu bereiten. Haben sie gegessen, schlafen sie ein, wir verbringen fast die ganze Nacht damit, Mais zu mahlen und ihnen Schika zu bereiten. Und was ist der Lohn für unser Wachen? Sie trinken ihren Schika und besaufen sich. Und wenn sie betrunken sind, ziehen sie uns an den Haaren und treten uns mit Füßen. Ach, Vater, hätte es Gott gefallen, daß meine Mutter mich bei der Geburt erstickte! Du weißt selbst, daß unsere Klagen berechtigt sind. Was ich dir sage, siehst du alle Tage. Aber unser größtes Unglück lernst du nie kennen. Es ist traurig für die arme Indianerin, ihrem Manne Sklavendienste zu leisten, auf dem Felde schweißüberströmt, im Hause rastlos – aber es ist entsetzlich, ihn nach zwanzig Jahren eine andere, jüngere, ganz unerfahrene Frau nehmen zu sehen. Er hängt sich an sie. Sie schlägt uns, schlägt unsere Kinder, befiehlt uns, behandelt uns wie Dienstboten, und wenn uns das leiseste Murren entschlüpft, schwingt sie den Stock... Ach, Vater, wie sollen wir diesen Zustand ertragen? Was kann eine Indianerin Besseres tun, als ihr Kind einer Sklaverei entrücken, die tausendmal schlimmer ist als der Tod. Ich wiederhole es, Vater, ich wünschte, es hätte Gott gefallen, daß mich meine Mutter lieb genug gehabt hätte, um mich zu begraben, als ich geboren wurde! Mein Herz brauchte nicht so zu leiden und meine Augen nicht zu weinen!‹

Frauen, ich beklage euch! Es gab nur eine Entschädigung für eure Leiden! Wäre ich Gesetzgeber gewesen, ihr hättet sie vielleicht erhalten. Von aller Sklaverei befreit wäret ihr heilig und unantastbar gewesen, wo immer ihr erschienen wäret. Wenn man über die Frauen schreibt, muß man seine Feder in den Regenbogen tauchen und den Staub von Schmetterlingsflügeln auf das Papier streuen: wie bei dem kleinen Pilgerhund muß jedesmal, wenn man die Pfote schüttelt, ein Perlensegen herabfallen. Und da fällt keiner aus der von Herrn Thomas. Es genügt nicht, von Frauen zu sprechen und gut von ihnen zu sprechen, Herr Thomas: machen Sie, daß ich sie sehe! Stellen Sie sie mir vor Augen, wie ebenso viele Thermometer der geringsten Wandlungen in Sitten und Gebräuchen, setzen Sie mit aller Ihnen zu Gebote stehenden Gerechtigkeit und Unparteilichkeit die Vorrechte des Mannes und der Frau fest; aber vergessen Sie nicht, daß seine Unfähigkeit zu Überlegung und Grundsätzen nichts bis in eine bestimmte Tiefe des weiblichen Verstandes dringen läßt. Die Ideen von Gerechtigkeit, Tugend, Laster, Güte, Bosheit schwimmen an der Oberfläche ihrer Seele. Eigenliebe und Egoismus dagegen haben sie in ihrer ganzen natürlichen Kraft erhalten. Sie sind zwar äußerlich zivilisierter als wir; aber innerlich sind sie wahre Wilde geblieben, mindestens ganze Machiavellisten. Das Symbol der Frauen im allgemeinen ist das der Apokalypse, über der geschrieben steht: Mysterium. Wo wir eine eherne Mauer sehen, ist für sie oft nur ein Spinnennetz. Man hat sich die Frage vorgelegt, ob Frauen für die Freundschaft geschaffen sind. Es gibt Frauen, die Männer sind, und Männer, die Frauen sind. Ich gestehe, ich würde mir niemals einen weibischen Mann zum Freunde nehmen. Wenn wir mehr Verstand haben als die Frauen, so haben sie bestimmt mehr Instinkt als wir. Das einzige, was man ihnen beigebracht hat, ist, das Feigenblatt zu tragen, das sie von ihrer Urmutter mitbekommen haben. Alles, was man ihnen gesagt und wiederholt hat in achtzehn bis neunzehn Jahren, läßt sich zusammenfassen in die Worte: ›Mein Kind, paß auf dein Feigenblatt auf! Dein Feigenblatt steht dir – dein Feigenblatt steht dir nicht.‹ Bei einem galanten Volk hat eine Liebeserklärung am allerwenigsten mit Gefühl zu tun. Mann und Frau sehen darin nur einen Austausch von Genüssen. Dennoch, was bedeutet dieses so leicht ausgesprochene, so leichtsinnig verstandene Wort ›Ich liebe dich‹ – es bedeutet in Wirklichkeit: ›Wenn du mir deine Unschuld und deine Sitten opfern, die Selbstachtung und die Achtung der andern verlieren, mit gesenktem Blick durch die Gesellschaft gehen willst, mindestens so lange, bis du durch die Gewöhnung an das leichtfertige Leben abgebrüht bist, jedem anständigen Stande entsagen, deine Eltern vor Kummer sterben lassen und mir einen Augenblick Vergnügen verschaffen willst, dann bin ich dir sehr verbunden.‹

Mütter, lest diese Zeilen euren Töchtern vor. Es ist ein gekürzter Kommentar aller Schmeichelreden, die man ihnen halten wird, und ihr könnt sie nicht früh genug warnen. Man hat der Galanterie so viel Bedeutung beigelegt, daß dem Mädchen, das diesen Schritt getan hat, keinerlei Tugend zu bleiben scheint. Es ist wie bei der Frömmlerin und dem schlechten Priester, bei denen die Ungläubigkeit fast das Siegel ihrer Verderbtheit ist. Nachdem sie das große Verbrechen begangen haben, schrecken sie vor nichts mehr zurück. Während wir Bücher lesen, lesen sie in dem großen Buche des Lebens und der Gesellschaft. So befähigt sie gerade ihre Unwissenheit, unmittelbar die Wahrheit aufzunehmen, sobald man sie ihnen zeigt. Keinerlei Autorität hat sie unterjocht, während bei uns die Wahrheit am Eingang unseres Gehirnes Plato, Aristoteles, Epikur, Zenon als Wachen aufgestellt findet, die sie mit Spießen zurücktreiben. Die Frauen sind selten systematisch, immer dem Augenblick unterworfen. Thomas sagt kein Wort von den Vorteilen des Verkehrs mit Frauen für einen

Schriftsteller. Und das ist undankbar. Die Seele der Frau ist nicht anständiger als die unsere, aber der Anstand erlaubt ihnen nicht, sich mit derselben Offenheit auszusprechen wie wir. So haben sie eine zarte Melodie erfunden, in der man anständigerweise alles sagen kann, was man will, wenn man in ihrem Vogelhaus ausgepfiffen worden ist. Entweder die Frauen schweigen, oder sie scheinen sich oft nicht zu wagen, das auszusprechen, was sie doch sagen. Man kann leicht feststellen, daß Jean Jacques viel Zeit zu Füßen der Frauen verloren und Marmontel viel schöne Stunden in ihren Armen verbracht hat. Man kommt um den Verdacht nicht herum, daß Thomas und d'Alembert zu brav und vernünftig gewesen sind. Die Frauen gewöhnen uns, die trockensten und dornigsten Probleme noch liebenswürdig und klar zu behandeln. Man spricht sie dauernd an, will von ihnen gehört werden, man fürchtet, sie zu ermüden und zu langweilen, und nimmt eine ganz besondere Leichtigkeit im Ausdruck an, der aus der Unterhaltung in den Stil eindringt. Wenn Frauen Genie haben, dann, glaube ich, ist es bei ihnen origineller als bei uns.

Gespräch eines Vaters mit seinen Kindern oder Von der Gefahr, sich über die Gesetze zu stellen

Mein Vater, ein Mann von ausgezeichneter Urteilskraft, aber fromm, war in seiner Provinz für seine strenge Rechtlichkeit bekannt. Mehr als einmal wurde er von seinen Mitbürgern zum Schiedsrichter bestellt: und oft betrauten ihn Fremde, die er gar nicht kannte, mit dem Vollzug ihres Letzten Willens. Die Armen weinten um ihn, als er starb. Während seiner Krankheit bekundeten große wie kleine Leute, wieviel ihnen das Gespräch mit ihm bedeutete. Als man erfuhr, daß sein Ende nahte, war die ganze Stadt betrübt. Sein Bild wird mir stets gegenwärtig sein; mir ist, als sähe ich ihn in seinem Lehnstuhl sitzen, in seiner friedlichen Haltung, mit seinem heiteren Gesicht. Mir ist, als hörte ich ihn noch reden. Hier die Geschichte eines unserer Abende und zugleich ein Modell, wie die andern auch verliefen.

Es war Winter. Wir saßen um ihn vorm Feuer, der Abbé, meine Schwester und ich. Ein Gespräch über die Lasten der Berühmtheit beschließend, sagte er zu mir: »Mein Sohn, wir haben beide in der Welt Lärm gemacht, nur mit dem Unterschied, daß der Lärm, den Sie mit Ihrem Werkzeug verursachten, Ihnen die Ruhe geraubt hat; während der, den ich mit meinem gemacht habe, den andern die Ruhe nahm.« Nach diesem guten oder schlechten Scherz wurde der alte Schmied nachdenklich, wobei er uns mit ganz ausgeprägter Aufmerksamkeit betrachtete, und der Abbé fragte ihn: »Woran denken Sie, Vater?«

»Ich denke daran«, sagte er, »daß der Ruf eines Ehrenmannes, der begehrenswerteste von allen, auch seine Gefahren hat, sogar für den, der ihn verdient.« Und nach einer kleinen Pause setzte er hinzu: »Ich zittere noch heute, wenn ich daran denke … Ob ihr das glaubt, Kinder? Einmal in meinem Leben war ich an dem Punkt, euch zugrunde zu richten; ja, euch vollständig zugrunde zu richten.«

Der Abbé: Und wie das?

Mein Vater: Wie? Ich werd's euch erzählen …

Schwesterchen (sagte er zu seiner Tochter), ehe ich anfange, zieh mir das Kopfkissen höher, es ist zu weit heruntergerutscht; (zu mir) und du schlag mir den Schlafrock übereinander, das Feuer versengt mir die Beine … Ihr habt doch alle den Pastor von Thivet gekannt?

Meine Schwester: Den guten alten Priester, der noch mit hundert Jahren seine vier Meilen am Morgen lief?

Der Abbé: Der mit hundertundein Jahren starb, als er den Tod eines Bruders erfuhr, der bei ihm gelebt hatte und neunundneunzig Jahre alt geworden war?

Mein Vater: Ja, der.

Der Abbé: Und was war mit ihm?

Mein Vater: Nun, seine Erben, arme Leute, die verstreut auf den Landstraßen, in Feld und Wald lebten und vor den Kirchtüren ihren Unterhalt erbettelten, schickten mir eine Vollmacht, die mich befugte, mich an Ort und Stelle zu begeben und den Nachlaß des verstorbenen Pfarrers, ihres Verwandten, sicherzustellen. Wie sollte ich Bedürftigen einen Dienst verweigern, den ich mehreren reichen Familien erwiesen hatte? Ich ging also nach Thivet; ich wandte mich an die Gerichtsbarkeit des Ortes; ich ließ die Siegel anbringen und sah der Ankunft der Erben entgegen. Sie ließen nicht auf sich warten; es waren ihrer zehn oder zwölf. Da kamen Frauen ohne Strümpfe, ohne Schuhe, kaum Kleider am Leib, und hatten Kinder auf dem Arm, die in alte Schürzen gewickelt waren; da kamen zerlumpte Greise, die sich bis dorthin geschleppt hatten, einen Stock mit einem Lumpenbündel geschultert, das wiederum in einen Lumpen eingeschlagen war; ein Anblick des gräulichsten Elends. Stellt euch demnach vor, wie diese Erben sich auf die gut zehntausend Francs freuten, die auf jeden entfallen mußten; das Erbe des Pfarrers mochte nach grober Schätzung sich auf wenigstens hunderttausend Francs belaufen. Die Siegel werden entfernt. Ich brauche den ganzen Tag, um ein Verzeichnis der Effekten aufzunehmen. Es kommt die Nacht. Die armen Leute ziehen sich zurück; ich bleibe allein. Es drängte mich, sie so bald als möglich in den Besitz ihrer Anteile zu bringen, zu beurlauben und an meine Arbeit zurückzukehren. Unter einem Schreibtisch stand ein alter Kasten, ohne Deckel, voll mit allem möglichen Papierkram; da waren uralte Briefe, Entwürfe von Antworten, verjährte Quittungen, verfallene Empfangsscheine, Ausgabenlisten und lauter Zeug der Art; aber in solchem Fall liest man alles und läßt nichts außer acht. Ich war mit der langweiligen Durchsicht fast am Ende, als mir ein ziemlich umfängliches Schriftstück in die Hände geriet; und wißt ihr, was für ein Schriftstück das war? Ein Testament! Ein Testament mit der Unterschrift des Pfarrers. Ein Testament so uralten Datums, daß diejenigen, die als Vollstrecker darin benannt wurden, schon seit zwanzig Jahren nicht mehr am Leben waren! Ein Testament, das die Armen verstieß, die in meinem Umkreis schliefen, und als Universalerben die Frémins einsetzte, die reichen Pariser Buchhändler und Verleger, du wirst sie kennen. Könnt ihr euch meine Verblüffung und meinen Schmerz vor stellen? Denn was sollte ich mit dem Ding machen? Verbrennen? Warum nicht? Trug es nicht alle Merkmale der Ungültigkeit? Und der Ort, wo ich's gefunden hatte, und die Papiere, mit denen es zusammengetan worden war, sprach das alles nicht stark genug dafür, ganz zu schweigen von der schreienden Ungerechtigkeit? So sagte ich mir; und während ich mir die Verzweiflung der unglücklichen, beraubten, um ihre Hoffnung betrogenen Erben vorstellte, hielt ich das Testament immer näher ans Feuer; dann kreuzten andere Vorstellungen die ersten; ein unbestimmter Schrecken, mich in der Entscheidung eines so wichtigen Falles zu irren, Mißtrauen in mein Wissen, die Furcht, mehr die Stimme des Mitgefühls zu hören, die aus meinem Herzen schrie, als die des Rechts, ließen mich jäh innehalten; und so grübelte ich die ganze Nacht über diesem ungerechten Dokument, hielt es noch ein paarmal über die Flammen, unschlüssig, ob ich's verbrennen sollte oder nicht. Ich entschied mich für letzteres; eine Minute früher oder später hätte ich das Gegenteil getan. In meiner Bedrängnis meinte ich, es wäre klug, den Rat eines Sachkundigen einzuholen. Mit Tagesgrauen steige ich aufs Pferd, jage nach der Stadt, vorüber an meinem Haus, ohne einzutreten, und halte vorm Seminar, das damals die Oratorianer innehatten, worunter es einen gab, der durch seine sicheren Kenntnisse und seine reinen Sitten sich auszeichnete: ein gewisser Pater Bouin, der in der Diözese den Ruf des größten Kasuisten hinterlassen hat.

Soweit war mein Vater, als Doktor Bissei hereintrat: er war der Freund und Arzt des Hauses. Er erkundigte sich nach Vaters Gesundheit, fühlte ihm den Puls, erweiterte seine Vorschriften, schränkte sie ein, nahm einen Stuhl und begann mit uns zu plaudern.

Mein Vater fragte ihn nach diesem und jenem seiner Kranken, unter anderm nach einem alten Gauner, vormals Verwalter eines Herrn de La Mesangere, des früheren Bürgermeisters unserer Stadt. Dieser Verwalter hatte die Geschäfte seines Herrn zerrüttet und verheert; er hatte auf dessen Namen widerrechtliche Anleihen gemacht, Wertpapiere veruntreut, sich Grundstücke angeeignet, kurz, eine Unzahl Schurkereien begangen, deren er größtenteils überführt war und für die ihm eine entehrende Strafe, wenn nicht die höchste, nächstens bevorstand. Dieser Fall beschäftigte damals die ganze Provinz. Der Doktor sagte, daß es dem Mann sehr schlecht ginge; indes habe er die Hoffnung nicht aufgegeben, ihn zu retten.

Mein Vater: Da erweisen Sie ihm aber einen schlechten Dienst.

Ich: Und tun ein schlechtes Werk.

Doktor Bissei: Ein schlechtes Werk! Wieso *das*, bitte?

Ich: Weil es in der Welt so viele Schurken gibt, daß man nicht die noch zurückhalten sollte, die von selber gehn möchten.

Doktor Bissei: Meine Sache ist heilen, nicht richten; ich heile den Mann, weil das mein Beruf ist; nachher läßt der Richter ihn hängen, denn das ist sein Beruf.

Ich: Aber Doktor, alle guten Staatsbürger, Sie, ich, haben eine gemeinsame Aufgabe, nämlich mit unserer ganzen Kraft zum Nutzen des Gemeinwesens zu wirken; und mir scheint die Heilung eines Missetäters, von dem die Gesetze uns unverzüglich befreien werden, für dieses kaum von Nutzen zu sein.

Doktor Bissei: Und wem steht es zu, ihn zum Missetäter zu erklären? Mir?

Ich: Nein, seinen Taten.

Doktor Bissei: Und wem steht es zu, über seine Taten zu befinden? Mir?

Ich: Nein; aber erlauben Sie, Doktor, daß ich die These ein wenig verändere, daß ich einen Kranken annehme, dessen Verbrechen landeskundig sind. Man ruft Sie; Sie eilen herbei, öffnen die Vorhänge und erkennen Cartouche oder Nivet. Würden Sie Cartouche oder Nivet heilen? …

Doktor Bissei antwortete nach kurzer Überlegung fest, er würde ihn heilen; er würde den Namen des Kranken vergessen und sich einzig mit dem Wesen seiner Krankheit beschäftigen; das sei das einzige, worüber zu befinden ihm erlaubt sei; denn, würde er diese Regel einmal überschreiten, wüßte er bald nicht mehr, wo die Grenze wäre; Menschenleben würden auf Gnade und

Ungnade der Ignoranz, den Leidenschaften, den Vorurteilen ausgeliefert sein, wenn vor der Behandlung erst Lebenswandel und Sitten des Kranken geprüft werden sollten. »Was Sie mir von Nivet sagen, sagt mir ein Jansenist von einem Molinisten, ein Katholik von einem Protestanten. Wie Sie mich von Gartouches Krankenbett vertreiben wollen, vertreibt mich dann ein frommer Fanatiker vom Bett eines Atheisten. Es reicht schon hin, daß man das Heilmittel dosieren muß; ich kann nicht auch noch die Schlechtigkeit dosieren, die seine Verordnung zulassen oder nicht zulassen würde. ...«

»Aber Doktor«, versetzte ich, »wenn nach Ihrer schönen Kur der erste Gebrauch, den der Schuft von seiner Genesung machte, die Ermordung Ihres Freundes wäre, was würden Sie dann sagen? Hand aufs Herz; würden Sie dann nicht bereuen, ihn geheilt zu haben? Würden Sie sich nicht mit Bitterkeit fragen: Warum habe ich ihn geheilt? Warum habe ich ihn nicht sterben lassen? Würde das nicht den Rest Ihres Lebens vergiften?

Doktor Bissei: Sicher würde ich mich vor Schmerz verzehren, aber Reue empfände ich nicht.

Ich: Und wieso könnte es Sie reuen, wenn Sie einen tollwütigen Hund, ich sage nicht, getötet hätten, darum geht es ja nicht; nein, wenn Sie ihn hätten sterben lassen? Hören Sie, Doktor. Ich bin furchtloser als Sie; ich lasse mich nicht von unnützen Bedenken meistern. Ich bin Arzt. Ich sehe mir den Kranken an; ich erkenne in ihm einen Verbrecher und sage ihm das Folgende: »Elender, beeile dich zu sterben; das ist das Beste, was dir um deinet- und der andern willen geschehen kann. Ich weiß sehr wohl, was zu tun wäre, um die Geschwulst in deiner Seite zu entfernen, die dich erdrückt, aber ich hüte mich, es zu verordnen; ich hasse meine Mitmenschen nicht genug, um dich noch einmal unter sie zu entlassen und durch die neuen Schandtaten, die du begehen würdest, mir selber ewigen Gram zu bereiten. Ich will nicht dein Komplize sein. Man würde jeden bestrafen, der dich in seinem Haus versteckt, und da sollte unschuldig sein, wer dir das Leben erhalten würde! Unmöglich. Wenn ich etwas bedauere, so nur, daß ich dich vor der höchsten Strafe bewahre, indem ich dich dem Tod überlasse. Aber ich will nicht Mühe aufwenden, um jemand dem Leben wiederzugeben, den anzuzeigen das natürliche Rechtsgefühl, das Wohl der Gesellschaft und die Sicherheit meinesgleichen mich verpflichten. Stirb, auf daß nicht gesagt werde, es lebe kraft meiner Kunst und meiner Fürsorge ein Ungeheuer mehr.«

Doktor Bissei: Machen Sie's gut, Papa. Ah ja, weniger Kaffee nach dem Essen, hören Sie?

Mein Vater: Ach, Doktor, der Kaffee schmeckt so gut!

Doktor Bissei: Dann wenigstens viel, viel Zucker.

Meine Schwester: Aber Zucker gibt Hitze, Doktor.

Doktor Bissei: Unsinn! Adieu, Philosoph.

Ich: Doktor, einen Moment noch. Galenus, der unter Marc Aurel lebte und bestimmt kein gewöhnlicher Mann war, obwohl er an Träume, Amulette und Hexerei glaubte, sagt von seinen Vorschriften, Neugeborene am Leben zu erhalten: »Ich gebe sie den Griechen, den Römern und all jenen, die in ihrer Nachfolge den Weg der Wissenschaften wandeln. Die Germanen und übrigen Barbaren sind ihrer nicht würdiger als Bären, Wildschweine, Löwen und andere wilde Tiere.«

Doktor Bissei: Das kannte ich. Und Sie sind alle beide im Unrecht; Galenus mit seinem unsinnigen Satz und Sie, da Sie sich auf ihn berufen. Es gäbe Sie nämlich gar nicht, Sie nicht und nicht Ihr Lob oder Ihre Kritik an Galenus, wenn die Natur nicht andere Geheimnisse als seine gekannt hätte, die Kinder der Germanen am Leben zu erhalten.

Ich: Während der letzten Pest in Marseille …

Doktor Bissei: Machen Sie schnell, ich hab's eilig.

Ich: … gab es Banden, die in die Häuser einbrachen, plünderten, mordeten, das allgemeine Chaos ausnutzten, um sich durch alle möglichen Verbrechen zu bereichern. Einer von diesen Banditen erkrankte an der Pest, und es erkannte ihn einer der Totengräber, die von der Polizei beauftragt waren, die Toten wegzuschaffen. Diese Männer gingen durch die Häuser und warfen die Leichen auf die Straße. Der Totengräber mustert den Verbrecher und sagt: »Ah, Elender, du bist's.« Und schon packt er ihn bei den Füßen und schleift ihn zum Fenster. Der Verbrecher schreit: »Aber ich bin nicht tot.« Der andre antwortet: »Du bist tot genug« und stürzt ihn augenblicklich vom dritten Stock hinunter. Wissen Sie, Doktor, dieser Totengräber, der den schlimmen Pestkranken so rasch ins Jenseits beförderte, ist in meinen Augen weniger schuldig als ein tüchtiger Arzt wie Sie, der ihn geheilt hätte; so, nun gehen Sie.

Der Doktor: Teurer Philosoph, ich mag Ihren Witz und Ihr Feuer so lange bewundern, wie Sie wünschen; aber Ihre Moral wird nie die meinige werden noch die des Abbé, das wette ich.

Der Abbé: Sie wetten sicher.

Nun wollte ich mir den Abbé vornehmen; aber mein Vater wandte sich mir lächelnd zu und sagte: »Du plädierst gegen deine eigene Sache.«

Ich: Wieso?

Mein Vater: Du willst doch, daß der schurkische Verwalter von Herrn de La Mésangère stirbt, nicht? Na, dann laß den Doktor doch machen. Was sagst du so leise?

Ich: Ich sage, Bissei wird sich niemals die Inschrift verdienen, die die Römer dem Arzt von Hadrian VI. über die Tür schrieben, als der Papst gestorben war: *Dem Befreier des Vaterlands.*

Meine Schwester: Und wäre er der Arzt von Mazarin gewesen, hätten die Kärrner von ihm nie gesagt, was sie von Guénaut sagten, als Mazarin tot war: *Kameraden, laßt den Herrn Doktor durch, er hat uns von dem Kardinal erlöst.*

Mein Vater lächelte und sagte: »Wo war ich in meiner Geschichte?«

Meine Schwester: Sie waren bei Pater Bouin.

Mein Vater: Ich lege ihm den Fall dar. Pater Bouin sagt: »Ich weiß nichts Löblicheres, mein Herr, als Ihr Mitgefühl mit diesen unglücklichen Erben. Beseitigen Sie das Testament, helfen Sie ihnen, ich stimme Ihnen zu; doch zu der Bedingung, daß Sie dem Universalerben die genaue Summe ersetzen, um die Sie ihn gebracht haben, nicht mehr, nicht weniger.« Aber mir zieht es im Rücken. Der Doktor wird die Tür offengelassen haben. Geh, Schwesterchen, mach sie zu.

Meine Schwester: Ich gehe; nur daß Sie nicht weitererzählen, bis ich zurück bin.

Mein Vater: Ja, selbstverständlich.

Meine Schwester ließ ein Weilchen auf sich warten und sagte, als sie wiederkam, ärgerlich: »Da hat ein Narr doch zwei Aushänge an seiner Tür angeschlagen; auf dem einen steht: *Haus zu verkaufen für zwanzigtausend Francs oder zu vermieten für zwölfhundert Francs jährlich, ohne Pacht;* und auf dem andern: *Verleihe für ein Jahr zwanzigtausend Francs zu sechs Prozent Zinsen.*«

Ich: Ein Narr, Schwester? Und wenn da ein einziger Anschlag hinge, wo Sie zwei sehn, und das Angebot des Darlehens nur die Übersetzung des ersten wäre? Aber lassen wir das, kommen wir auf Pater Bouin zurück.

Mein Vater: Pater Bouin fuhr fort: »Wer hat Sie denn ermächtigt, einer Urkunde die Rechtskraft abzusprechen oder zuzuerkennen? Wer hat Sie ermächtigt, die Absichten eines Verstorbenen auszulegen?«

»Aber der Abfallkasten, Pater Bouin?«

»Wer hat Sie ermächtigt, zu entscheiden, ob dies Testament mit Überlegung verworfen oder irrtümlich verlegt worden ist? Haben Sie nie erlebt, daß Sie in einem Papierkorb ein wichtiges Papier wiederfanden, das Ihnen aus Versehen dort hineingeraten war?«

»Aber das Datum, Pater Bouin, und die Ungerechtigkeit dieses Schriftstücks?«

»Wer hat Sie ermächtigt, über Gerechtigkeit oder Ungerechtigkeit dieses Schriftstücks zu befinden und dieses Universalvermächtnis eher als eine unzulässige Schenkung denn als Rückerstattung oder irgendeinen anderen legitimen Akt zu betrachten?«

»Aber hier diese armen Erben, Pater Bouin, und dort jener entfernte, reiche Verwandte?«

»Wer hat Sie ermächtigt, abzuwägen, was der Verstorbene seinen Nächsten schuldig war, die Sie ebensowenig kennen?«

»Aber dieser Haufen Briefe des Erben, die der Verstorbene nicht einmal geöffnet hatte! …«

Ich habe nämlich vergessen, euch zu berichten, setzte mein Vater hinzu, daß zwischen den alten Papieren, worunter ich das verhängnisvolle Testament gefunden, zwanzig, dreißig, ich weiß nicht wie viele Briefe von den Frémins lagen, und alle noch versiegelt.

»Hier zählen nicht Kasten noch Datum, noch Briefe, noch Pater Bouin, noch wenn, noch aber«, sagte Pater Bouin; »es darf nun einmal niemand sich über die Gesetze stellen, die Gedanken der Toten willkürlich auslegen und über anderer Gut verfügen. Wenn die Vorsehung beschlossen hat, sei es den gesetzlichen oder den testamentarisch bestimmten Erben, sei es den Verstorbenen – denn man weiß ja nicht, wen – durch die zufällige Erhaltung dieses Testaments zu züchtigen, so muß man es gelten lassen.«

Nach einer so klaren, so eindeutigen Entscheidung durch den sachkundigsten Mann unserer Geistlichkeit bedachte ich betroffen und schaudernd, was aus mir, was aus euch, meine Kinder, geworden wäre, wenn ich das Testament, wie ich zehnmal versucht war, verbrannt hätte und danach, von Gewissensbissen gepeinigt, Pater Bouin aufgesucht und um Rat gefragt hätte. Ich hätte erstattet; o ja, ich hätte erstattet; so viel steht fest, und ihr wärt ruiniert gewesen.

Meine Schwester: Aber danach, Vater, mußten Sie doch zurück ins Pfarrhaus und den armen Menschen sagen, daß es für sie nichts zu erben gab und daß sie gehen müßten, wie sie gekommen waren. Wie fanden Sie, bei Ihrer mitleidigen Seele, den Mut dazu?

Mein Vater: Meiner Treu, ich weiß es nicht. Im ersten Augenblick wollte ich meine Vollmacht niederlegen und einem Rechtsvertreter übertragen lassen; aber so einer wäre mit aller Strenge verfahren, er hätte die armen Leute beim Kragen gepackt und verjagt, während ich ihr Unglück vielleicht mildern konnte. So kehrte ich selbigen Tags nach Thivet zurück. Meine plötzliche Abwesenheit und die Vorsichtsmaßregeln, die ich vor meinem Aufbruch getroffen, hatten die Leute beunruhigt; die traurige Miene, mit der ich nun erschien, beunruhigte sie noch mehr. Doch ich bezwang mich und verstellte mich, so gut ich konnte.

Ich: Das heißt, ziemlich schlecht.

Mein Vater: Zuerst brachte ich alle Wertgegenstände unter Verschluß. Ich holte eine gewisse Anzahl Dorfbewohner in das Haus, die mir notfalls beistehen konnten. Ich öffnete Keller und Speicher, gab sie den Unglücklichen frei, lud sie ein, zu trinken, zu essen und den Wein, das Getreide und alle sonstigen Mundvorräte unter sich aufzuteilen.

Der Abbé: Aber Vater! …

Mein Vater: Ja, ich weiß; das gehörte ihnen so wenig wie das übrige.

Ich: Laß, Abbé, unterbrich uns nicht.

Mein Vater: Dann trat ich unter sie, bleich wie der Tod, mit zitternden Knien, tat den Mund auf und fand kein Wort, setzte mich, stand wieder auf, fing einen Satz an, konnte ihn nicht beenden, weinte; und all die erschreckten Menschen drängten sich um mich zusammen und schrien: »Ach, lieber Herr, was gibt es denn?« – »Was es gibt?« sagte ich, »... ein Testament gibt es, ein Testament, das euch enterbt.« Diese wenigen Worte zu sagen kostete mich so viel Kraft, daß ich spürte, wie mir die Sinne schwinden wollten.

Meine Schwester: Das begreife ich.

Mein Vater: Was nun folgte – welch eine Szene, welch eine Szene, Kinder! Es graust mich, wenn ich daran denke. Mir ist, als hörte ich noch jetzt, wie sie schrien, wie sie heulten, wie sie fluchten vor Schmerz, vor Wut, vor Zorn ... (Und mein Vater schlug die Hände vor die Augen, vor die Ohren ...) Diese Frauen, sagte er, diese Frauen, ich seh sie noch; die einen wälzten sich am Boden, rauften sich die Haare, zerfleischten sich Wangen und Brüste; andere schäumten, hielten die Kinder bei den Füßen hoch, bereit, ihnen die Köpfe auf das Pflaster zu schlagen, hätte man sie gewähren lassen; die Männer packten, rissen nieder, zertrümmerten alles, was ihnen unter die Hände kam; sie drohten, das Haus in Brand zu stecken; andere kratzten heulend die Erde mit den Fingernägeln auf, als wollten sie die Leiche des Pfarrers ausgraben, um ihn zu zerfetzen; und mitten in dem Toben das grelle Weinen der Kinder, die, ohne zu wissen, warum, die Verzweiflung ihrer Eltern teilten, sich an ihre Kleider klammerten und unmenschlich von ihnen weggestoßen wurden. Ich glaube, nie in meinem Leben habe ich so gelitten!

Unterdes hatte ich an den Universalerben in Paris geschrieben, ich unterrichtete ihn von allem und drängte ihn, in höchster Eile zu kommen, es könnte sonst leicht ein Unglück geschehen, das zu verhindern nicht in meiner Macht stünde.

Ich hatte die armen Leute ein wenig beschwichtigt durch die Hoffnung, mit der ich mir tatsächlich schmeichelte, ich könnte den Legatar zum vollständigen Verzicht auf seine Rechte oder zu irgendeinem günstigen Vergleich bewegen; und ich hatte sie auf die abgelegensten Katen des Dorfes verteilt.

Nun kam dieser Frémin aus Paris; ich musterte ihn scharf und sah an ihm nur eine harte Miene, die nichts Gutes versprach.

Ich: Dichte, buschige, schwarze Brauen, tiefliegende kleine Augen, ein breiter, bißchen schiefer Mund, gelbliche, pockennarbige Haut?

Mein Vater: Genau. Er hatte keine dreißig Stunden gebraucht, um seine sechzig Meilen zurückzulegen. Als erstes stellte ich ihm die Elenden vor, deren Sache ich zu vertreten hatte. Da standen sie alle vor ihm, schweigend; die Frauen weinten leise; die Männer, auf ihre Stöcke gestützt, barhäuptig, die Mützen in den Händen. Frémin saß da, die Augen geschlossen, den Kopf auf die Brust geneigt und sah sie nicht an. Ich sprach mit meiner ganzen Kraft zu ihren Gunsten; ich weiß nicht, woher man nimmt, was man in solchem Falle sagt. Ich führte ihm greifbar vor Augen, wie ungewiß es war, daß diese Erbschaft ihm rechtmäßig zustünde; ich beschwor ihn bei seinem Reichtum, bei dem Elend, das er da vor sich sah; ich glaube, ich bin sogar vor ihm auf die Knie gefallen: ich habe ihm nicht einen Heller abringen können. Er gab mir zur Antwort, ihn interessierten all diese Betrachtungen nicht, es gäbe ein Testament; die Geschichte dieses Testaments sei ihm gleichgültig und er wolle sich lieber an meine Verfahrensweise als an meine Worte halten. Vor Entrüstung warf ich ihm die Schlüssel ins Gesicht; er hob sie auf, raffte alles an sich; und ich kehrte von dort so verstört, so gequält, so verändert nach Haus zurück, daß eure Mutter, die damals noch lebte, geglaubt hat, mir wäre ein großes Unglück zugestoßen … O Kinder! Was für ein Mensch, dieser Frémin!

Nach dieser Erzählung versanken wir in Schweigen, und jeder sann auf seine Art über dies merkwürdige Erlebnis nach. Besucher kamen: ein Geistlicher, dessen Name mir entfallen ist; es war ein dicker Prior, der sich besser in guten Weinen als in der Moral auskannte und mehr in dem »Moyen de parvenir« als in den »Conférences de Grenoble« geblättert hatte; weiter ein Mann des Rechts, Notar und Polizeileutnant, namens Dubois; und wenig später ein Handwerker, der meinen Vater zu sprechen wünschte. Man führte ihn herein und mit ihm einen alten Ingenieur der Provinz, der zurückgezogen der Mathematik lebte, die er ehedem gelehrt hatte; er war ein Nachbar des Handwerkers; dieser war Hutmacher.

Als erstes bedeutete der Hutmacher meinem Vater, daß die Runde ein wenig zu groß wäre für das, was er ihm zu sagen hätte. Alle erhoben sich, nur den Prior, den Rechtsgelehrten, den Mathematiker und mich hielt der Hutmacher zurück.

»Herr Diderot«, sagte er zu meinem Vater, nachdem er sich in der Stube umgeblickt hatte, ob ihn jemand belauschen könnte, »Ihre Rechtlichkeit und Ihre Weisheit führen mich zu Ihnen; und ich bedaure nicht, diese andern Herren hier anzutreffen, die mich vielleicht nicht kennen, die ich aber sehr wohl kenne. Ein Priester, ein Rechtsgelehrter, ein Naturwissenschaftler, ein Philosoph und ein Ehrenmann! Ich kann mir nicht denken, daß Männer so unterschiedlichen Standes, und alle gleichermaßen gerecht und aufgeklärt, mir nicht zu dem Rat verhelfen sollten, den ich brauche.«

Darauf bat uns der Hutmacher: »Versprechen Sie zuvor, über meine Angelegenheit Stillschweigen zu wahren, gleich, welchen Entschluß ich nachher fassen werde.«

Das wurde ihm versprochen, und er fuhr fort:

»Ich habe keine Kinder, auch nicht von meiner letzten Frau, die mir vor ungefähr vierzehn Tagen gestorben ist. Seitdem lebe ich nicht mehr; ich kann nicht trinken, nicht essen, nicht arbeiten, nicht schlafen. Ich stehe auf, ziehe mich an, geh aus dem Haus und laufe, von tiefer Sorge umgetrieben, durch die Stadt. Ich habe meine kranke Frau achtzehn Jahre lang gepflegt; alle Dienste, die ich ihr leisten konnte und die ihre traurige Lage erheischte, habe ich ihr erwiesen. Was ich für sie ausgegeben habe, hat unser kleines Vermögen und den Ertrag meiner Arbeit verschlungen, hat mich in Schulden gestürzt; und ich bliebe nach ihrem Tod von Mühsal erschöpft, um meine jungen Jahre gebracht, zurück; ich wäre, kurz gesagt, nicht weiter als am ersten Tag meiner Niederlassung, wenn ich die Gesetze einhalten und den entfernten Verwandten meiner Frau den Teil von ihrer einstmaligen Mitgift herausgeben würde, der ihnen zusteht: es war eine gut bestückte Aussteuer; denn die Eltern, die ihre Tochter sehr liebten, haben für sie getan, was sie konnten, mehr, als sie konnten; schöne, gute Sachen die Menge, noch alle wie neu, denn die arme Frau hat ja gar nicht die Zeit gehabt, sie zu gebrauchen; dazu zwanzigtausend Francs in Silber, die ihr aus der Rückzahlung eines Kontraktes zukamen, der von Herrn Michelin, Stellvertreter des Generalprokurators, abgeschlossen worden war. Die Verstorbene hatte die Augen kaum geschlossen, als ich die Sachen und das Geld beiseite brachte. Jetzt kennen Sie mein Anliegen, meine Herrn. War das recht getan? War's unrecht? Mein Gewissen läßt mir keine Ruhe. Mir ist immer, als ob eine Stimme mir sagte: du hast gestohlen, du hast gestohlen; gib's zurück, gib's zurück. Was sagen Sie dazu? Bedenken Sie, meine Herrn, daß meine Frau, als sie von mir ging, mir alles genommen hat, was ich in zwanzig Jahren erarbeitet habe; daß ich kaum mehr imstande bin zu arbeiten; daß ich verschuldet bin und, wenn ich alles herausgebe, mir nur das Armenhaus bleibt, wenn nicht heute, dann morgen. Sprechen Sie, meine Herrn, ich erwarte Ihre Entscheidung. Muß ich's herausgeben und ins Armenhaus gehen?«

»Ehre, wem Ehre gebührt«, sagte mein Vater und verneigte sich gegen den Geistlichen, »sprechen Sie, Herr Prior.«

»Mein Sohn«, sagte der Prior zum Hutmacher, »ich halte nichts von Gewissensqualen, das macht den Kopf wirr und dient doch zu nichts; vielleicht: hättest du das Geld nicht nehmen sollen; aber da du's nun mal genommen hast, meine ich, sollst du's behalten.

Mein Vater: Aber Herr Prior, das ist doch wohl nicht Ihr letztes Wort?

Der Prior: Meiner Treu, doch; mehr kann ich dazu nicht sagen.

Mein Vater: Weit ausgeholt haben Sie nicht. Nun Sie, Herr Jurist.

Der Jurist: Mein Freund, deine Lage ist ärgerlich; ein andrer würde dir vielleicht raten, den Verwandten deiner Frau dieses Vermögen sicherzustellen, damit es nach deinem Tod nicht an die deinen fällt, und, solange du lebst, die Nutznießung zu behalten. Aber es gibt Gesetze; und diese Gesetze gestehen dir weder den Mißbrauch noch den Besitz des Kapitals zu. Glaube mir, füge dich den Gesetzen und sei ein ehrenhafter Mann – wenn's sein muß, im Armenhaus.

Ich: Es gibt Gesetze! Was für Gesetze?

Mein Vater: Und Sie, Herr Mathematiker, wie lösen Sie das Problem?

Der Mathematiker: Mein Freund, sagtest du nicht, daß du ungefähr zwanzigtausend Francs genommen hast?

Der Hutmacher: Ja, Herr.

Der Mathematiker: Und wieviel hat die Krankheit deiner Frau dich ungefähr gekostet?

Der Hutmacher: Ungefahr das gleiche.

Der Mathematiker: Nun, wer von zwanzigtausend Francs zwanzigtausend Francs zahlt, behält null.

Mein Vater zu mir: Und was sagt die Philosophie dazu?

Ich: Die Philosophie schweigt, wo das Gesetz wider den gesunden Menschenverstand spricht …

Mein Vater spürte, daß er mich nicht weiter drängen sollte, und richtete nun selbst das Wort an den Hutmacher: »Meister«, sagte er, »Sie haben uns bekannt, daß Ihre Ruhe dahin ist, seit Sie den Nachlaß Ihrer Frau unterschlagen haben. Was nützt Ihnen folglich das Geld, das Ihnen das höchste Gut geraubt hat? Machen Sie sich so bald als möglich davon frei; trinken, essen, schlafen, arbeiten Sie, und seien Sie glücklich zu Haus, wenn Sie's dort aushalten, oder woanders, wenn es Sie nicht zu Hause hält.«

Der Hutmacher erwiderte schroff: »Nein, Monsieur, ich gehe nach Genf.«

»Und du glaubst, du läßt dein Gewissen hier?«

»Das weiß ich nicht, aber ich gehe nach Genf.«

»Geh, wohin du willst, immer findest du dort auch dein Gewissen.«

Der Hutmacher ging; seine kuriose Antwort bot dem Gespräch das Thema. Man kam überein, daß räumliche und zeitliche Entfernung möglicherweise alle Gefühle, alle Arten von Gewissenslasten, selbst des Verbrechens, mehr oder minder abschwächt. Der Mörder, an Chinas Gestade versetzt, ist zu weit fort, um die blutige Leiche zu sehen, die er am Ufer der Seine zurückgelassen hat. Das Gewissen erwacht vielleicht weniger aus dem Entsetzen vor sich selbst als aus der Angst vor den andern; weniger aus Scham über die Tat als der Schande und Strafe wegen, die ihre Entdeckung nach sich zöge. Und welcher heimliche Verbrecher, so unbehelligt er im Dunkeln leben mag, bangt nicht, daß ein unvorhergesehener Umstand, ein unbedachtes, enthüllendes Wort ihn preisgibt? Welche Gewißheit hat er, daß er im Fieberwahn oder im Traum sich nicht verrät? Hört man ihn am Ort des Verbrechens, ist er verloren. In China versteht man ihn nicht. »Kinder, die Tage des bösen Menschen sind mit Schrecken erfüllt. Ruhe hat nur der ehrliche Mann. Er allein lebt und stirbt friedlich.«

Als dieser Text erschöpft war, gingen die Besucher; mein Bruder und meine Schwester kamen wieder herein; die unterbrochene Unterhaltung wurde wieder aufgenommen, und mein Vater sagte: »Gott sei Dank! wir sind wieder unter uns. Mir ist wohl mit den andern, aber am wohlsten mit euch.« Dann fragte er mich: »Warum hast du dem Hutmacher nicht auch deine Ansicht gesagt?«

»Sie haben mich doch dran gehindert.«

»War das falsch?«

»Nein, weil es für einen Dummkopf keinen guten Rat gibt. Ist denn dieser Mann nicht der nächste Verwandte seiner Frau? Ist das Gut, das er einbehalten hat, ihm nicht als Mitgift übergeben worden? Gehört es ihm nicht mit vollem Recht? Welchen Anspruch haben denn diese Verwandten?«

Mein Vater: Du siehst nur das Gesetz, aber du begreifst seinen Sinn nicht.

Ich: Ich sehe wie Ihr, Vater, wie wenig Sicherheit die Frauen hätten, wie sie von ihren Männern verachtet, zu Unrecht gehaßt würden, wenn ihr Tod den Ehemann in den Besitz ihrer Güter brächte! Aber was schert das mich, einen Ehrenmann, der ich meine Pflichten gegen die meinige in allem erfüllt habe? Bin ich nicht unglücklich genug, daß ich sie verloren habe? Muß man mir auch noch ihre Hinterlassenschaft nehmen?

Mein Vater: Wenn du die Weisheit des Gesetzes anerkennst, mußt du dich ihm fügen, scheint mir.

Meine Schwester: Ohne das Gesetz gäbe es keinen Raub mehr.

Ich: Irrtum, Schwester.

Mein Bruder: Ohne das Gesetz gehört allen alles; dann gibt es kein Eigentum mehr.

Ich: Irrtum, Bruder.

Mein Bruder: Worauf gründet sich Eigentum sonst?

Ich: Ursprünglich ist es Inbesitznahme durch Arbeit. Die Natur hat von Ewigkeit an gute Gesetze gemacht; eine rechtmäßige Gewalt sichert deren Ausübung; und diese Gewalt, die gegen den Bösen alles vermag, vermag nichts gegen den ehrlichen Mann. Ich bin dieser ehrliche Mann; und in dem benannten Fall und vielen andern, die ich euch im einzelnen darstellen könnte, rufe ich sie vor das Tribunal meines Herzens, meiner Vernunft, meines Gewissens, vor das Tribunal der natürlichen Gerechtigkeit; ich befrage sie und unterwerfe mich ihr, oder ich erkläre sie für nichtig.

Mein Vater: Diese Grundsätze predige du nur von allen Dächern, ich verspreche dir, sie werden ihr Glück machen, und du wirst sehen, was sie für schöne Sachen zur Folge haben werden.

Ich: Ich werde sie nicht predigen; es gibt Wahrheiten, die nicht für Narren gemacht sind; aber ich werde sie für mich aufrechterhalten.

Mein Vater: Für dich, der du weise bist?

Ich: Ja.

Mein Vater: Demnach, denk ich mir, wirst du wohl auch nicht billigen, wie ich mich im Fall des Pfarrers von Thivet verhalten habe. Aber was meinst du dazu, Abbé?

Der Abbé: Ich meine, Sie haben klug gehandelt, Vater, als Sie den Pater Bouin konsultierten und ihm gefolgt sind: denn wären Sie Ihrer ersten Regung gefolgt, hätten Sie uns tatsächlich zugrunde gerichtet.

Mein Vater: Und du, großer Philosoph, du bist nicht der Ansicht?

Ich: Nein.

Mein Vater: Das ist bündig. Sag uns, warum.

Ich: Sie befehlen es?

Mein Vater: Freilich.

Ich: Ohne Schonung?

Mein Vater: Sicher.

Ich: Nein, wahrhaftig, *versetzte ich mit Feuer*; ich bin dieser Ansicht nicht. Ich meine, wenn Sie je in Ihrem Leben etwas Schlechtes getan haben, dann dies; und wenn Sie sich verpflichtet glaubten, dem Legatar Ersatz zu leisten, nachdem Sie das Testament verbrannt hätten, so waren Sie den Erben noch weit mehr dazu verpflichtet, weil Sie sie um ihr Erbe gebracht haben.

Mein Vater: Ich muß gestehen, mir hat die Sache auch immer auf der Seele gelegen; aber der Pater Bouin…

Ich: Ihr Pater Bouin mit seinem ganzen Ruf von Wissen und Heiligkeit war nur ein elender Klugschwätzer und engstirniger Frömmler.

Meine Schwester leise: Willst du uns zugrunde richten?

Mein Vater: Still, still! Laß mir den Pater Bouin aus dem Spiel, und sag uns deine Gründe, ohne jemand zu beleidigen.

Ich: Meine Gründe? Ganz einfach: entweder wollte der Erblasser das Dokument vernichten, das er in der

Härte seines Herzens verfaßt hatte, wie alles zu bezeugen schien; dann haben Sie seine Sinnesänderung durchkreuzt; oder er hat gewollt, daß dies abgrundböse Schriftstück seine Wirkung tue: dann haben Sie sich zum Mittäter seiner Ungerechtigkeit gemacht.

Mein Vater: Seiner Ungerechtigkeit? das ist leicht gesagt.

Ich: Jawohl, seiner Ungerechtigkeit; denn alles, was dieser Pater Bouin Ihnen vorerzählt hat, sind nichts als eitle Spitzfindigkeiten, jämmerliche Bedenken, lauter Vermutungen ohne jeden Halt, ohne jedes Gewicht angesichts der Umstände, die der unbilligen Akte, die Sie aus dem Staub gezogen, vorgelegt und gültig gemacht haben, jede Glaubwürdigkeit absprachen. Ein Papierkasten; unter all dem Papierkram ein alter Wisch, verworfen durch sein Datum, seine Ungerechtigkeit, seine Vermischung mit andern überholten Papieren, durch den Tod der Vollstrecker, die Mißachtung der Briefe des Legatars, den Reichtum dieses Legatars und durch die Armut der wahren Erben! Was ist dem entgegenzusetzen? Eine vermutliche Rückerstattung! Vielleicht wird der arme Teufel von Priester, der ohne einen Sou in seiner Pfarre an trat und achtzig Jahre seines Lebens gebraucht hat, um rund hunderttausend Francs Sou für Sou zu sparen, die Frémins, bei denen er ja nie gelebt hat, die er womöglich überhaupt nur dem Namen nach kannte, irgendwann einmal um hunderttausend Francs bestohlen haben! Und hätte er sie tatsächlich bestohlen – das große Unglück …! Ich hätte dies ungerechte Papier verbrannt. Sie hätten es verbrennen müssen, sage ich; Sie mußten auf Ihr Herz hören, das Ihnen seitdem keine Ruhe läßt und das weiser war als Ihr armseliger Bouin, dessen Entscheidung nur die furchtbare Macht religiöser Meinungen über die vernünftigsten Köpfe und den unheilvollen Einfluß ungerechter Gesetze, falscher Prinzipien auf den gesunden Menschenverstand und das natürliche Rechtsgefühl beweist. Wären Sie neben dem Pfarrer gestanden, als er dies unbillige Testament schrieb, hätten Sie es nicht in Stücke gerissen? Das Schicksal spielt es Ihnen in die Hände, und Sie heben es auf?

Mein Vater: Und wenn der Pfarrer dich zum Universalerben eingesetzt hätte? …

Ich: Dann wäre das schändliche Dokument noch schneller beseitigt worden.

Mein Vater: Das will ich nicht bezweifeln; aber ist da nicht ein Unterschied, ob ein andrer beschenkt wird oder du? …

Ich: Keiner. Eine Schenkung kann nur gerecht oder ungerecht, ehrenhaft oder unehrenhaft sein …

Mein Vater: Wenn das Gesetz vorschreibt, daß nach dem Tod das Inventar aufgenommen und alle Papiere ausnahmslos gelesen werden, hat das doch sicher seinen Grund; und was ist der Grund?

Ich: Wenn ich höhnen wollte, würde ich antworten: daß die Erbschaft verschlungen wird durch eine Vielzahl von sogenannten Mühewaltungen; aber bedenken Sie, daß Sie ja kein Mann des Gesetzes waren und, frei von jeglicher Juristerei, einzig die Pflichten der Wohltätigkeit und des natürlichen Rechtes zu erfüllen hatten.

Meine Schwester schwieg; aber sie drückte mir zum Zeichen ihrer Zustimmung die Hand. Der Abbé schüttelte die Ohren, und mein Vater sagte: »Nun noch eine kleine Beschimpfung für Pater Bouin. Glaubst du wenigstens, daß meine Religion mich freispricht?«

Ich: Das glaube ich schon, aber desto schlimmer für sie.

Mein Vater: Glaubst du, daß diese Urkunde, die du eigenmächtig verbrennst, vor Gericht als gültig erkannt worden wäre?

Ich: Kann schon sein; aber desto schlimmer für das Gesetz.

Mein Vater: Du meinst, es hätte alle die Umstände außer acht gelassen, auf die du so nachdrücklich verweist?

Ich: Das weiß ich nicht; aber darüber hätte ich mir Klarheit verschafft. Die fünfzig Louisdor hätte ich geopfert; das wäre wohlverwendete Mildtätigkeit gewesen; ich hätte das Testament im Namen der armen Erben angefochten.

Mein Vater: O ja, wenn du damals bei mir gewesen wärst und hättest mir den Rat gegeben – obschon fünfzig Louisdor im Anfang eines Geschäfts keine Kleinigkeit sind –, ich wette alles darauf, daß ich ihn befolgt hätte.

Der Abbé: Ich für meinen Teil hätte das Geld lieber den armen Erben gegeben als den Gerichten.

Ich: Sie meinen, Bruder, man hätte den Prozeß verloren?

Mein Bruder: Zweifellos. Die Richter halten sich streng ans Gesetz, wie unser Vater und Pater Bouin; und sie tun gut daran. In solchem Fall schließen die Richter die Augen vor den Umständen, wie unser Vater und Pater Bouin, aus Furcht vor möglichen Unannehmlichkeiten; und sie tun gut daran. Sie opfern, manchmal sogar wider das eigene Gewissen, wie unser Vater und wie Pater Bouin, das Interesse des Unglücklichen und Unschuldigen, weil sie es nicht wahren könnten, ohne zugleich unzähligen Schurken den Weg zu ebnen; und sie tun gut daran. Sie fürchten, wie unser Vater und Pater Bouin, ein Urteil zu fällen, das in einem bestimmten Fall gerecht, in tausend andern Fällen aber unheilvoll wäre, weil sie damit einer Unmenge von Widerrechtlichkeiten Tür und Tor öffnen würden; und sie tun gut daran. Und im Fall dieses Testaments …

Mein Vater: Was du sagst, könnte als private Ansicht vielleicht hingehen; aber als öffentliche Begründung wäre es schlecht. So mancher wenig gewissenhafte Advokat hätte mir unter vier Augen gesagt: Verbrennen Sie das Testament; aber er hätte nicht gewagt, das in seiner Konsultation niederzuschreiben.

Ich: Ich verstehe schon, man hätte den Fall besser nicht vor Gericht gebracht. Und, verdammt, er wäre auch gar nicht erst vorgebracht worden, hätte ich mich an Ihrer Stelle befunden.

Mein Vater: Du hättest deine Vernunft der öffentlichen Vernunft vorgezogen, die Entscheidung des Menschen gegen den Mann des Gesetzes.

Ich: Unbedingt. Ist der Mensch nicht älter als der Mann des Gesetzes? Ist die Vernunft des Menschengeschlechts nicht heiliger als die Vernunft eines Gesetzgebers? Wir nennen uns zivilisiert und sind schlimmer als die Wilden. Anscheinend müssen wir noch Jahrhunderte von Unsinn zu Unsinn, von Irrtum zu Irrtum taumeln, bis wir ankommen, wohin der erste Funken

Vernunft, der bloße Instinkt uns geradenwegs geführt hätte. Darum sind wir so weit auf Abwege geraten …

Mein Vater: Mein Sohn, mein Sohn, die Vernunft ist ein gutes Ruhekissen; aber ich finde, daß mein Kopf immer noch sanfter auf dem der Religion und der Gesetze ruht: und keine Widerrede hierauf; denn an schlaflosen Nächten habe ich keinen Bedarf. Aber es scheint, du bist unmutig geworden. Sage mir also, hättest du mich an der Erstattung gehindert, wenn ich das Testament verbrannt hätte?

Ich: Nein, Vater; Ihre Ruhe ist mir doch wertvoller als alle Güter der Welt.

Mein Vater: Deine Antwort gefällt mir, und aus gutem Grund.

Ich: Wollen Sie uns den Grund nennen?

Mein Vater: Gern. Der Domherr Vigneron, dein Onkel, war ein harter Mann, böse zu seinen Mitbrüdern, die er durch sein Betragen und seine Reden ständig verspottete. Du warst bestimmt, seine Nachfolge anzutreten; aber als er zum Sterben kam, hielt man es in der Familie für klüger, zur römischen Kurie zu schicken als dem Domkapitel eine Abtretung in die Hände zu legen, die vielleicht nicht anerkannt werden würde. Der Bote geht ab. Eine oder zwei Stunden vor seiner vermutlichen Rückkehr stirbt dein Onkel, und damit sind das Kanonikat und achtzehnhundert Francs verloren. Deine Mutter, deine Tanten, unsere Verwandten und Freunde, alle waren der Meinung, wir sollten den Tod des Domherrn vertuschen. Ich verwarf ihren Rat und ließ auf der Stelle die Glocken läuten.

Ich: Und das war gut so.

Mein Vater: Hätte ich nun auf die guten Frauen gehört und dann Gewissensbisse bekommen, hättest du, seh ich, nicht gezaudert, mir deinen Domherrnmantel zu opfern.

Ich: Das ohnehin. Lieber ein guter Philosoph oder gar nichts, als ein schlechter Domherr.

Der dicke Prior war wiedergekommen und sagte auf meine letzten Worte: »Ein schlechter Domherr! Möchte wissen, wie man ein guter oder schlechter Prior, ein guter oder schlechter Domherr sein kann; das sind doch völlig indifferente Stände.« Mein Vater zuckte die Achseln und ging hinaus, um einigen frommen Pflichten nachzukommen, die er noch zu erfüllen hatte. Der Prior sagte: »Jetzt habe ich den Papa wohl ein bißchen verärgert.«

Mein Bruder: Das könnte sein.

Dann zog er ein Buch aus der Tasche und sagte: »Ich muß euch ein paar Seiten aus einer Beschreibung Siziliens von Pater Labat vorlesen.«

Ich: Ich weiß, welche. Es ist die Geschichte von dem *calzolaio*, dem Schuster von Messina.

Mein Bruder: Richtig.

Der Prior: Und was war mit diesem calzolaio?

Mein Bruder: Der Historiker berichtet, daß dieser Mann, tugendhaft von Natur, ein Freund der Ordnung und der Gerechtigkeit, viel zu leiden hatte in einem Lande, wo die Gesetze nicht allein machtlos, sondern ganz außer Gebrauch waren. Kein Tag verging ohne Verbrechen. Allbekannte Mörder zeigten sich erhobenen Hauptes und trotzten der öffentlichen Empörung. Familien verzweifelten über ihre gefallenen Töchter, welche die Grausamkeit der Verführer von der Schande ins Elend trieb. Das Monopol raubte dem arbeitsamen Mann und seinen Kindern den Unterhalt; Erpressungen aller Art trieben den unterdrückten Bürgern bittere Tränen in die Augen. Die Schuldigen entgingen jeglicher Strafe entweder kraft ihres Ansehens oder ihres Geldes oder durch gerichtliche Ausflüchte. Der calzolaio sah das alles; es zerriß ihm das Herz, und er sann auf seinem Schusterschemel unablässig, wie er diesen Zuständen abhelfen könnte.

Der Prior: Was konnte so ein armer Teufel schon ausrichten?

Mein Bruder: Sie sollen es hören. Eines Tages eröffnete er in seiner Schusterstube einen Gerichtshof.

Der Prior: Wie das?

Ich: Der Prior möchte die Geschichte im Schnellverfahren, wie er seine Frühmetten hält.

Der Prior: Warum nicht? Die Redekunst will, daß der Bericht bündig, und das Evangelium, daß das Gebet kurz sei.

Mein Bruder: Hörte er von einem schweren Verbrechen, zog er Erkundungen ein und führte eine unerbittliche und geheime Untersuchung. Hatte er sein Doppelamt als Ankläger und Richter dann erfüllt, war der Kriminalprozeß beendet und das Urteil gefallt, ging er aus, ein Feuerrohr unterm Mantel; und wenn er die Übeltäter bei Tag an abgelegenen Orten oder bei Nacht auf ihren Streifzügen traf, jagte er ihnen in aller Gerechtigkeit fünf bis sechs Kugeln in den Leib.

Der Prior: Ich fürchte, den wackeren Mann hat man bei lebendigem Leib gerädert. Schade drum.

Mein Bruder: Nach vollzogener Hinrichtung ließ er die Leiche, wo sie lag, ohne sich darum zu bekümmern, und ging so befriedigt nach Hause wie ein Mann, der einen tollwütigen Hund abgeschossen hat.

Der Prior: Hat er viele solcher Hunde abgeschossen?

Mein Bruder: Man zählte mehr als fünfzig, und alle von hohem Stand, als der Vizekönig zweitausend Taler auf seinen Kopf aussetzte und am Altar schwor, dem Schuldigen zu vergeben, wenn er sich selber stellte.

Der Prior: Ein Esel, wer's täte.

Mein Bruder: In der Furcht, daß Verdacht und Strafe einen Unschuldigen treffen könnten …

Der Prior: Stellte er sich dem Vizekönig!

Mein Bruder: Und hielt ihm folgende Rede: »Ich habe getan, was Eure Pflicht war. Ich habe die Missetäter verurteilt und gerichtet, die Ihr hättet richten müssen. Hier sind die Protokolle, die ihre Frevel feststellen. Ihr erseht daraus den Gang meines gerichtlichen Verfahrens. Ich war versucht, mit Euch anzufangen; doch habe ich in Eurer Person den erhabenen Herrn respektiert, den Ihr vertretet. Mein Leben liegt in Eurer Hand, verfügt nun darüber.«

Der Prior: Was auch geschah.

Mein Bruder: Das weiß ich nicht; aber ich weiß, daß dieser Mann bei all seinem schönen Eifer für die Gerechtigkeit doch nur ein Mörder war.

Der Prior: Ein Mörder! das Wort ist hart: wie würden Sie ihn dann wohl nennen, wenn er redliche Leute umgebracht hätte?

Ich: Welch schöner Wahn!

Meine Schwester: Es wäre zu wünschen…

Mein Bruder zu mir: Sie sind der Souverän: dieser Fall wird Ihrer Entscheidung unterbreitet; wie lautet sie?

Ich: Abbé, Sie wollen mir eine Falle stellen; gut, ich tappe hinein. Ich verdamme den Vizekönig, die Stelle des Schusters, und den Schuster, die Stelle des Vizekönigs einzunehmen.

Meine Schwester: Bravo, Bruder!

Mein Vater erschien wieder, und sein Gesicht war heiter wie stets, wenn er sein Gebet verrichtet hatte. Man erzählte ihm die Geschichte, und er bestätigte den Spruch des Abbé. Meine Schwester sagte: »Und damit verlor Messina wenn nicht den einzigen gerechten, so doch den einzigen tapferen Bürger, den es hatte. Das betrübt mich.«

Man trug das Essen auf; man stritt noch ein wenig gegen mich; man zog den Prior tüchtig auf wegen seiner Antwort an den Hutmacher und weil er den Prioren und Domherren so geringe Bedeutung beimaß. Man berichtete ihm die Geschichte mit dem Testament; doch anstatt sich zu äußern, erzählte er uns ein eigenes Erlebnis.

Der Prior: Sie erinnern sich wohl an den Riesenbankrott des Wechslers Bourmont.

Mein Vater: Und ob ich mich erinnere! ich war ja mit betroffen.

Der Prior: Um so besser.

Mein Vater: Warum um so besser?

Der Prior: Weil, falls ich unrecht getan habe, mein Gewissen gleich erleichtert wird. Ich wurde zum Syndikus der Gläubiger ernannt. Unter Bourmonts Aktiva fand sich ein Schuldschein über hundert Taler von einem armen Samenhändler, seinem Nachbarn. Wenn man diese Summe im gleichen Verhältnis auf die vielen Gläubiger verteilte, machte das für jeden nicht mal zwölf Sous; hätte man sie bei dem Samenhändler eingefordert, wär's sein Ruin gewesen. Ich nahm an …

Mein Vater: … daß keiner der Gläubiger dem unglücklichen Mann zwölf Sous verweigern würde; Sie zerrissen den Schuldschein und übten Mildtätigkeit auf meine Kosten.

Der Prior: So ist es; sind Sie mir böse?

Mein Vater: Nein.

Der Prior: Haben Sie die Güte zu glauben, daß mir die andern auch nicht böser wären als Sie; und der Fall ist erledigt.

Mein Vater: Aber Herr Prior, wenn Sie eigenmächtig einen Schuldschein zerreißen, warum zerreißen Sie nicht zwei, drei, vier, so viele, wie Sie Bedürftige finden, denen Sie auf Kosten anderer helfen können? Diese Auffassung von Wohltätigkeit kann uns weit führen, Herr Prior: das Recht, das Recht …

Der Prior: Ja, ja: ist oft ein großes Unrecht.

Eine junge Frau, die im ersten Stock wohnte, kam herunter; sie war die Fröhlichkeit und Narrheit in Person. Mein Vater fragte sie, ob sie was Neues von ihrem Mann wüßte: der Mann war ein Liederjan und hatte seiner Frau allerhand an schlechten Sitten vorgelebt, bis sie's ihm, glaube ich, ein bißchen nachgetan hatte; und um den Nachstellungen seiner Gläubiger zu entwischen, war er nach Martinique gegangen. Madame d'Isigny, so der Name unsrer Mieterin, antwortete meinem Vater: »Monsieur d'Isigny? Gott sei Dank hab ich nichts mehr von ihm gehört; vielleicht ist er ertrunken.«

Der Prior: Ertrunken! Da gratuliere ich.

Madame d'Isigny: Was geht Sie das an, Herr Prior?

Der Prior: Mich nichts, aber Sie.

Madame d'Isigny: Und was geht's mich an?

Der Prior: Nun, man sagt …

Madame d'Isigny: Was sagt man denn?

Der Prior: Wenn Sie's wissen wollen, man sagt, er hätte ein paar Ihrer Briefe abgefangen?

Madame d'Isigny: Na und? Dafür hatte ich eine ganz hübsche Sammlung der seinen …

Und nun begann ein urkomischer Streit zwischen dem Prior und Madame d'Isigny über die Rechte der beiden Geschlechter. Madame d'Isigny rief meinen Beistand an; und ich wollte dem Prior eben beweisen, daß der erste der beiden Gatten, der den Vertrag breche, dem andern die volle Freiheit wiedergebe, als mein Vater seine Nachtmütze verlangte, die Unterhaltung abbrach und uns zu Bett schickte. Als ich an der Reihe war, ihn zu umarmen und ihm gute Nacht zu wünschen, sagte ich ihm ins Ohr: »Strenggenommen, Vater, gibt es für den Weisen gar keine Gesetze …«

»Sprechen Sie leiser …«

»Da sie alle ihre Ausnahmen haben, gebührt ihm allein, zu entscheiden, in welchem Falle man sich ihnen unterwirft oder über sie hinweggeht.«

»Ich wäre nicht allzu böse«, gab er zur Antwort, »wenn's in der Stadt einen oder zwei Bürger wie dich gäbe; aber ich machte mich davon, wenn alle dächten wie du.«

Madame de La Carlière

»Kehren wir um?«

»Es ist noch früh.«

»Sehen Sie nicht die Wolken?«

»Keine Sorge; die verschwinden auch wieder, und ohne Beihilfe des mindesten Windhauchs.«

»Meinen Sie?«

»Ich habe das im Sommer, wenn es heiß war, oft beobachtet. Die niedere Schicht der Atmosphäre, die ihre Feuchtigkeit abgeregnet hat, nimmt einen Teil des verdichteten Wasserdampfs auf, welcher den dunklen Schleier bildet, der uns den Himmel verhüllt. Die Masse des Dampfes verteilt sich dann etwa gleichmäßig auf die gesamte Luftmasse; und diese genaue Verteilung oder, wenn Sie wollen, Verbindung macht die Atmosphäre bald wieder durchsichtig und klar. Es ist wie ein Vorgang in unseren Laboratorien, nur daß es sich im großen über unsern Köpfen abspielt. In wenigen Stunden brechen durch die immer spärlicher werdenden Wolken azurne Punkte; die Wolken nehmen weiter ab; die azurnen Punkte nehmen an Zahl zu und breiten sich aus; bald wissen Sie nicht mehr, wo der schwarze Flor geblieben ist, der Sie erschreckte; und Sie werden überrascht und aufatmend erleben, wie durchsichtig die Luft, wie rein der Himmel und wie schön der Tag ist.«

»Das ist wahr; denn während Sie sprachen, habe ich hinaufgeblickt, und das Phänomen vollzog sich wie auf Ihren Befehl.«

»Dies Phänomen ist nichts weiter als eine Art Auflösung des Wassers in der Luft.«

»So wie der Dampf, der die Außenfläche eines mit Eiswasser gefüllten Glases beschlägt, nichts andres ist als eine Art Niederschlag.«

»Und diese riesigen Ballons, die in der Atmosphäre treiben oder hängen, sind einfach ein Überschuß an Wasser, den die gesättigte Luft nicht auflösen kann.«

»Sie bleiben wie Zuckerstücke am Tassengrund, wenn der Kaffee keins mehr aufnimmt.«

»Richtig.«

»Sie versprechen mir also für unsre Rückkehr ...«

»Ein so gestirntes Himmelsgewölbe, wie Sie's nie gesehen haben.«

»Da wir unsern Spaziergang denn fortsetzen und Sie alle kennen, die hier verkehren, könnten Sie mir wohl sagen, wer der lange, hagere, melancholische Mensch ist, der, seit er Platz genommen, kein Wort sagte und den man allein im Salon zurückgelassen hat, als die übrige Gesellschaft sich zerstreute?«

»Es ist ein Mann, dessen Schmerz ich ehrlich respektiere.«

»Wie nennen Sie ihn?«

»Chevalier Desroches.«

»Jener Desroches, der, als er nach dem Tod seines geizigen Vaters Besitzer eines großen Vermögens geworden war, durch seine Verschwendung, seine Liebesabenteuer und seine Berufswechsel sich einen Namen machte?«

»Derselbe.«

»Der Narr, der sich allen möglichen Metamorphosen unterzog und nacheinander in Beffchen, Richterrobe und Uniform hervortrat?«

»Ja, der Narr.«

»Hat der sich verändert!«

»Sein Leben ist eine Kette seltsamer Ereignisse. Er ist eins der unglücklichsten Opfer der Launen des Schicksals und der unbesonnenen Urteile der Menschen. Als er von der Kirche zur Justiz überwechselte, erhob seine Familie lautes Geschrei; und die ganze dumme Öffentlichkeit, die sich ja nie entblödet, mit den Vätern gegen die Söhne Partei zu nehmen, kläffte einstimmig mit.«

»Viel größer noch war der Lärm, als er vom Gericht wegging und in den Militärdienst trat.«

»Was hat er denn aber getan? Er hat eine Energie bewiesen, deren jeder einzelne von uns sich rühmen würde, derentwegen er indes als der schlimmste Querkopf galt; und da wundern Sie sich, daß das Geschwätz der Leute mich ärgert, mich aufbringt, mich kränkt!«

»Ehrlich gestanden, ich habe Desroches genauso beurteilt wie alle andern.«

»Und von Mund zu Mund, wo einer das immer noch dümmere Echo des andern ist, wird ein großherziger Mann zum Plattkopf, ein geistvoller zum Esel, ein Ehrenmann zum Schuft, ein mutiger zum Verrückten, und umgekehrt. Nein, diese unsinnigen Schwätzer sind nicht wert, daß man seine Lebensführung in irgendeiner Weise von ihrer Billigung oder Mißbilligung abhängig macht. Hören Sie zu, verdammt; und vergehen Sie vor Scham.

Desroches, sehr jung noch, wird Rat im Parlament; günstige Umstände führen ihn bald in die Große Kammer; so kommt er schließlich auch in die Tournelle, als Untersuchungsrichter in einem Kriminalfall. Nach seinen Schlüssen wird der Übeltäter zur Höchststrafe verurteilt. Am Tag der Hinrichtung begeben sich brauchgemäß diejenigen, die das Gerichtsurteil bestimmt haben, ins Stadthaus, um die letzten Verfügungen des Unglücklichen aufzunehmen, falls er solche zu treffen hat, was diesmal geschah. Es war Winter. Desroches und sein Kollege saßen am Feuer, als ihnen die Ankunft des Delinquenten gemeldet wurde. Der Mann, dem die Folter alle Glieder ausgerenkt hatte, wurde auf einer Trage hereingebracht. Beim Eintritt richtet er sich auf, wendet die Blicke zum Himmel und ruft: ›Großer Gott! deine Richtsprüche sind gerecht!‹ Da liegt er vor Desroches auf seiner Matte. ›Sie, Monsieur, sind also derjenige, der mich verurteilt hat!‹ redete er ihn mit kräftiger Stimme an. ›Ich bin des Verbrechens schuldig, für das ich angeklagt bin; ja, das bin ich, ich gestehe es. Aber Sie haben überhaupt nichts verstandene.‹ Dann ging er noch einmal den ganzen Prozeß durch und legte sonnenklar dar, daß weder die Beweise begründet waren noch das Urteil gerecht. Desroches, der am ganzen Leibe zu zittern begann, erhebt sich, reißt sich die Richterrobe herunter und entsagt für immer dem gefährlichen Amt, über Menschenleben zu richten. Und das nennt man einen Narren! Einen Mann, der sich erkennt, der fürchtet, das geistliche Gewand durch schlechte Sitten zu entweihen oder eines Tages sich mit dem Blut eines Unschuldigen zu beflecken.«

»Weil man von alledem eben nichts weiß.«

»Wenn man nichts weiß, sollte man schweigen.«

»Um zu schweigen, muß man jedoch zweifeln.«

»Und was spricht dagegen, zu zweifeln?«

»Zwanzig achtbaren Menschen den Glauben verweigern zugunsten eines Menschen, den man nicht kennt!«

»Ach, mein Bester, so viele Garanten verlange ich nicht, wenn es gilt, von einem Menschen Gutes zu sagen!«

»Und Schlechtes? ...«

»Lassen wir das; Sie lenken mich von meinem Bericht ab und ärgern mich. Desroches wollte dennoch etwas sein. Also kaufte er eine Kompanie.«

»Das heißt, er vertauschte das Metier, seinesgleichen zu verurteilen, gegen das, sie ohne Prozeß zu töten.«

»Ich begreife nicht, wie man in solchem Fall scherzen kann.«

»Was wollen Sie? Sie sind traurig, ich bin lustig.«

»Sie sollten seine ganze Geschichte kennen, um den Wert des öffentlichen Klatsches einzuschätzen.«

»Ich würde sie gerne kennenlernen, wenn Sie wollten.«

»Sie ist aber lang.«

»Desto besser.«

»Desroches macht den Feldzug 1745 mit und bewährt sich gut. Den Gefahren des Krieges zweihunderttausend Flintenschüsse weit entronnen, bricht er sich wegen eines scheuenden Pferdes ein Bein, zwölf, fünfzehn Meilen von einem Landhaus entfernt, wo er Winterlager zu halten gedachte; und Gott weiß, wie dieser Unfall von unsern liebreichen Zungen ausgelegt wurde.«

»Es gibt eben Leute, über die man immer lacht, wenn man's sich einmal angewöhnt hat – und die man nie beklagt.«

»Ein Mann mit einem gebrochenen Bein ist in der Tat sehr lächerlich! Lacht nur, blödsinnige Lacher, lacht nur; aber wißt, daß es für Desroches vielleicht besser gewesen wäre, eine Kanonenkugel hätte ihn zerfetzt oder er wäre mit aufgeschlitztem Bauch auf dem Schlachtfeld geblieben. Der Unfall stieß ihm in einem elenden kleinen Dorf zu, wo es keine andre erträgliche Unterkunft gab als in der Pfarre oder im Schloß. Man brachte ihn aufs Schloß, das Besitztum einer jungen Witwe und Herrin der Ortschaft, Madame de La Carlière.«

»Wer hätte nicht von Madame de La Carlière gehört? Wer wüßte nicht von ihrer grenzenlosen Unterordnung unter einen eifersüchtigen alten Ehemann, dem die Besitzgier ihrer Familie sie im Alter von vierzehn Jahren geopfert hatte?«

»In dem Alter, da man die ernsthafteste Bindung eingeht, weil man dann Rouge auflegen darf und schöne Ohrgehänge bekommt. Madame de La Carlière wurde ihrem ersten Mann eine Frau von vornehmstem und ehrbarstem Betragen.«

»Ich glaube es, da Sie's mir sagen.«

»Sie nahm Chevalier Desroches auf und erwies ihm jede erdenkliche Aufmerksamkeit. Ihre Geschäfte riefen sie in die Stadt; aber trotz ihrer Geschäfte und des unaufhörlichen Regens in einem scheußlichen Herbst, der die Wasser der nahen Marne anschwellen ließ, so daß sie das Haus nur im Kahn verlassen konnte, verlängerte sie den Aufenthalt auf ihrem Gut, bis Desroches vollständig geheilt war. Geheilt also, mit Madame de La Carlière Seite an Seite in derselben Kutsche, kommt der Chevalier zurück nach Paris, in Dankbarkeit und einem noch süßeren Gefühl seiner jungen, reichen und schönen Wirtin verbunden.«

»Ja, sie war ein himmlisches Geschöpf; sie erschien nie im Theater, ohne Aufsehen zu erregen.«

»Dort haben Sie sie gesehen? ...«

»So ist es.«

»Während eines mehrjährigen vertrauten Umgangs hatte der verliebte Chevalier, der auch Madame de La Carlière nicht gleichgültig war, sie öfters gebeten, ihn zu heiraten, aber die frische Erinnerung an die Qualen, die sie unter der Tyrannei des ersten Gatten ausgestanden, und mehr noch der Ruf der Leichtfertigkeit, den der Chevalier durch eine Vielzahl galanter Abenteuer sich erworben hatte, schreckten Madame de La Carlière ab, die an eine Bekehrung von Männern dieses Charakters nicht glaubte. Sie führte damals einen Prozeß mit den Erben ihres Mannes.«

»Gab es nicht auch anläßlich dieses Prozesses Gerede?«

»Viel, und jeder Art. Sie mögen sich selber vorstellen, ob Desroches, der im Gericht noch etliche Freunde hatte, über Madame de La Carlières Interessen wohl einschlief.«

»Nehmen wir an, sie hat sich dankbar erwiesen.«

»Ständig belagerte er die Richter.«

»Der Komiker! Obwohl von seinem Beinbruch vollkommen geheilt, machte er keinen Besuch ohne Schnürstiefel am Bein. Er behauptete, durch seinen Stiefel würden seine Fürsprachen eindringlicher. Nur zog er ihn bald ans eine, bald ans andre Bein, was zuweilen auffiel.«

»Und um ihn von einem Verwandten gleichen Namens zu unterscheiden, hieß er von da an Desroches-Stiefel. Indes, mit Hilfe des guten Rechts und des ergreifenden Stiefels unsres Chevalier gewann Madame de La Carlière ihren Prozeß.«

»Und wurde Madame Desroches.«

»Haben Sie's eilig! Sie schätzen gemeine Details nicht, gut, ich schenke sie Ihnen. Sie waren sich also einig, sie standen dicht vor ihrer Verbindung, als Madame de La Carlière nach einem Festmahl in zahlreichem Kreis, bestehend aus beiden Familien und etlichen Freunden, in hoheitsvoller Haltung und feierlichem Ton sich an den Chevalier wandte und sagte:

›Monsieur Desroches, hören Sie mich an. Heute sind wir beide noch frei; morgen sind wir es nicht mehr; dann wird Ihr Glück oder Unglück von mir abhängen und meins von Ihnen. Ich habe gründlich darüber nachgedacht. Geruhen Sie, ebenso ernsthaft nachzudenken. Wenn Sie den gleichen Hang zur Unbeständigkeit in sich fühlen, der Sie bislang beherrschte; wenn ich nicht allen Ihren Wünschen entspreche, binden Sie sich nicht; ich beschwöre Sie um Ihret- und um meinetwillen. Bedenken Sie, daß ich, je weniger ich mich geschaffen glaube, vernachlässigt zu werden, eine Kränkung desto lebhafter empfände. Ich habe Selbstgefühl, und zwar viel. Ich kann nicht hassen; aber niemand kann so verachten wie ich, und von solcher Verachtung lasse ich nicht wieder. Morgen werden Sie vorm Altar schwören, mir zu gehören, nur mir allein. Prüfen Sie sich; befragen Sie Ihr Herz, solange es noch Zeit ist; bedenken Sie, daß es dabei um mein Leben geht. Ich bin leicht zu verletzen, Monsieur; und eine Wunde in meiner Seele heilt nicht; sie blutet immer. Ich werde mich nicht beklagen, weil Klagen nicht nur lästig sind, sondern das Übel schließlich noch verschlimmern; und weil Mitleid den erniedrigt, der es erweckt. Ich werde meinen Schmerz in mir verschließen und daran zugrunde gehn. Chevalier, ich übergebe mich Ihnen mit Leib und Gut, ich unterwerfe Ihnen meinen Willen, meine Launen; Sie werden für mich alles auf der Welt sein; aber ich muß auch für Sie alles auf der Welt sein; mit weniger gebe ich mich nicht zufrieden. Ich glaube, daß ich zur Zeit die einzige für Sie bin; und Sie sind ganz sicher der einzige für mich; aber es wäre ja möglich, daß wir jemandem begegnen, Sie einer Frau, die liebenswürdiger wäre, ich einem Mann, der mir so erschiene. Wenn höherer Wert, ob nun wahr oder eingebildet, Unbeständigkeit rechtfertigen dürfte, gäbe es keine Sitten mehr. Ich halte auf Sitten; ich will darauf halten, und ich verlange dasselbe von Ihnen. Durch alle ersinnlichen Opfer gedenke ich, Sie rückhaltlos an mich zu binden. Das sind meine Rechte, das sind meine Ansprüche; davon werde ich nie abgehen. Ich werde alles tun, damit Sie nicht allein für unbeständig gelten würden, sondern im Urteil ehrlicher Menschen, im Urteil Ihres eigenen Gewissens der letzte der Undankbaren wären. Ich nehme den gleichen Vorwurf an, wenn ich Ihre Fürsorge, Ihre Rücksichten, Ihre Liebe nicht über Ihr Erwarten hinaus erwidere. An der Seite eines Gatten, der mir die Pflichten einer Frau weder leicht noch angenehm machte, habe ich erfahren, wozu ich imstande bin. Sie wissen jetzt, was Sie von mir zu erwarten haben. Prüfen Sie, was Sie von Ihrer Natur befürchten müssen. Sprechen Sie, Chevalier, sprechen Sie aufrichtig. Entweder ich werde Ihre Frau, oder ich bleibe Ihre Freundin; die Alternative ist ja nicht grausam. Mein Freund, mein zärtlicher Freund, ich beschwöre Sie, zwingen Sie mich nie, den Vater meiner Kinder zu verabscheuen, zu fliehen und womöglich ihre unschuldigen Liebkosungen in einem Anfall von Verzweiflung zurückzustoßen. Vielmehr will ich mein ganzes Leben lang mit immer neuem Glück Sie in ihnen wiederfinden und mich freuen können, daß ich sie geboren habe. Geben Sie mir den größten Vertrauensbeweis, den eine ehrbare Frau von einem Ehrenmann erbitten kann; lehnen Sie mich ab, wenn Sie glauben, daß ich mir zu hohen Wert beimesse. Weit entfernt, gekränkt zu sein, werde ich die Arme um Ihren Hals legen; und weder die Liebe all Ihrer Damen noch das Geschwätz, das Sie ihnen vorgeredet haben, sollen Ihnen je einen so aufrichtigen, so zärtlichen Kuß eingetragen haben als Ihr Freimut und meine Dankbarkeit!‹«

»Ich meine, derzeit eine ziemlich komische Parodie dieser Rede gehört zu haben.«

»Von einer guten Freundin der Madame de La Carlière?«

»In der Tat, ja, ich entsinne mich; Sie haben's erraten.«

»Und das soll einen nicht in die Wälder treiben, weit weg von dem ganzen vornehmen Gesindel, dem nichts heilig ist? Ich gehe; das seh ich kommen. Ja, bestimmt geh ich eines Tages. Die Versammelten hatten anfangs gelächelt, zum Schluß weinten sie alle. Desroches warf sich vor Madame de La Carlière auf die Knie, erging sich in hochsinnigen, zärtlichen Beteuerungen; ließ nichts aus, was sein früheres Betragen schwärzen oder entschuldigen konnte; verglich Madame de La Carlière mit den Frauen, die er gekannt und verlassen hatte; zog aus dieser gerechten und schmeichelhaften Vergleichung die Beweggründe, die sie, wie ihn selbst, versichern sollten gegen einen modischen Hang, gegen jugendliches Überschäumen, ein Laster eher der allgemeinen Sitten als sein eigenes; sagte nichts, was er nicht dachte und nicht zu tun sich vornahm. Madame de La Carlière betrachtete ihn, hörte ihn an, suchte ihn aus seinen Reden, seinen Gebärden zu ergründen und deutete alles zu ihrem Besten.«

»Warum nicht, wenn's ehrlich war?«

»Sie hatte ihm ihre Hand überlassen, er küßte sie, drückte sie an sein Herz, küßte sie immer wieder und netzte sie mit Tränen. Alles teilte ihre Liebe; alle Frauen fühlten wie Madame de La Carlière, alle Männer wie der Chevalier.«

»Das ist die Wirkung des Edlen: daß eine große Versammlung nur mehr eins denkt und fühlt. Wie man in solchen Augenblicken sich gegenseitig achtet, wie man sich liebt! Wie schön, zum Beispiel, ist die Menschheit im Theater! Warum muß man so schnell auseinandergehen! Die Menschen sind so gut und so glücklich, wenn das Edle sie einigt, zusammenschließt, verschmilzt!«

»Solch einigendes Glück beseelte uns, als Madame de La Carlière in der Aufwallung ihrer hochgespannten Seele sich erhob und zu Desroches sagte: ›Chevalier, noch glaube ich Ihnen nicht, aber gleich werde ich Ihnen glauben.‹«

»Die kleine Comtesse spielte die Exaltation ihrer schönen Cousine wundervoll nach.«

»Sie ist wohl auch weit eher geschaffen, sie zu spielen als zu empfinden. ›Schwüre vorm Altar …‹ Was lachen Sie?«

»Oh, um Vergebung; aber ich sehe die kleine Comtesse noch vor mir, wie sie sich auf die Zehenspitzen erhob; ich höre noch ihren emphatischen Ton.«

»Ach, Sie sind ein Hundsfott, genauso verdorben wie die ganze Gesellschaft; ich schweige.«

»Ich verspreche Ihnen, nicht mehr zu lachen.«

»Vergessen Sie's nicht!«

»Also: ›Schwüre vorm Altar …‹«

»›… sind so oft gebrochen worden, daß ich auf das feierliche Versprechen von morgen nichts gebe. Wir fürchten Gottes Gegenwart weniger als das Urteil unsersgleichen. Monsieur Desroches, treten Sie her. Hier ist meine Hand; geben Sie mir die Ihre und schwören Sie mir ewige Liebe und Treue; rufen Sie die Menschen zu Zeugen, die uns umgeben. Erlauben Sie, wenn Sie mir jemals berechtigten Grund zur Klage geben sollten, daß ich Sie vor diesem Tribunal verklage und seiner Achtung überliefere. Willigen Sie ein, daß sie sich dann auf meinen Ruf versammeln und Sie treulos, undankbar, niederträchtig, falsch, schlecht nennen. Es sind meine und Ihre Freunde. Stimmen Sie zu, daß in dem Augenblick, da ich Sie verlieren würde, Ihnen kein einziger bleibt. Und ihr, meine Freunde, schwört mir, ihn dann zu verlassen.‹

Augenblicklich hallte der Salon von Rufen wider: ›Ich verspreche es! Ich willige ein! Ich stimme zu! Wir schwören es!‹ … Und inmitten dieses köstlichen Tumults schloß der Chevalier Madame de La Carlière in die Arme, küßte sie auf die Stirn, auf Augen und Wangen. ›Aber Chevalier!‹

›Aber Madame, die Zeremonie ist erledigt; ich bin Ihr Gatte, Sie sind meine Frau.‹

›Im Wald gewiß; hier fehlt noch eine gebräuchliche Formalität. Bis dahin nehmen Sie mein Porträt; tun Sie damit, was Sie wollen. Haben Sie Ihres nicht bestellt? Wenn Sie's haben, geben Sie es mir …‹

Desroches überreichte Madame de La Carlière sein Porträt, sie hängte es an ihren Arm und ließ sich den restlichen Abend Madame Desroches nennen.«

»Ich bin gespannt, was daraus wird.«

»Geduld. Ich sagte Ihnen, die Geschichte werde lang sein; und ich muß schon Wort halten. Aber … richtig … das war ja zur Zeit Ihrer großen Reise, Sie waren derzeit im Ausland.

Zwei Jahre lang, zwei volle Jahre waren Desroches und seine Frau die einigsten, glücklichsten Eheleute. Man glaubte Desroches gebessert; und er war's in der Tat. Seine Freunde aus den lockeren Zeiten, die die vorige Szene erzählen gehört und bewitzelt hatten, sagten, das Unglück käme wirklich nur vom Priester, und Madame de La Carlière hätte, nach zweitausend Jahren, endlich das Geheimnis entdeckt, dem Fluch des Sakraments zu entrinnen. Madame de La Carlière, die ich nun Madame Desroches nennen will, bis es mir anders angezeigt dünkt, gebar Desroches ein Kind. Sie wollte es unbedingt selber nähren. Das war eine lange, gefährliche Unterbrechung für einen heißblütigen jungen Mann, der an solche Enthaltsamkeit nicht eben gewöhnt war. Während Madame Desroches ihren Pflichten nachkam, verkehrte ihr Mann in der Gesellschaft; und er hatte das Pech, eines Tages einer jener verführerischen, arglistigen Frauen zu begegnen, die es insgeheim grämt, anderswo eine Eintracht zu sehen, die sie aus ihrem Hause verbannt hat, und deren Trachten und Trost es zu sein scheint, andere in die gleiche Misere zu reißen, die sie erleben.«

»Das ist Ihre Geschichte, aber doch nicht seine.«

»Desroches, der sich kannte, der seine Frau kannte, sie achtete und fürchtete …«

»Was fast das gleiche ist…«

»Verbrachte seine Tage an ihrer Seite. Das Kind, in das er vernarrt war, lag beinahe genauso oft in seinen Armen wie in den Armen der Mutter, der er mit Hilfe gemeinsamer Freunde die ehrenhafte, aber mühselige Aufgabe durch die verschiedensten häuslichen Unterhaltungen erleichtern half.«

»Wie schön.«

»Sicher. Einer seiner Freunde hatte in Operationen der Regierung Geld investiert. Das Ministerium schuldete ihm eine beträchtliche Summe, die beinahe sein ganzes Vermögen ausmachte und die er vergebens zurückforderte. Er trug sein Problem Desroches vor. Dieser entsann sich einer Frau, mit der er sich früher sehr gut gestanden und die vermöge ihrer Verbindungen mächtig genug war, die Affäre zu bereinigen. Er schwieg. Aber schon anderntags besuchte er die Frau und sprach mit ihr. Man war entzückt, einem ritterlichen Manne, den man zärtlich geliebt, aber ehrgeizigen Plänen geopfert hatte, wieder zu begegnen und ihm helfen zu können. Dem ersten Besuch folgten weitere. Die Frau war sehr anziehend. Sie hatte etwas gutzumachen; und die Art, wie sie sich darüber erklärte, war unmißverständlich. Desroches schwankte einige Zeit, was er tun sollte.«

»Mein Gott, ich weiß nicht, warum.«

»Aber halb aus Laune, Unerfülltheit oder Schwäche, halb aus Furcht, daß ein elender Skrupel …«

»Wegen eines Vergnügens, das seiner Frau gleichgültig sein konnte.«

»… den Eifer der Gönnerin seines Freundes lähmen und den Erfolg seiner Unterhandlung beeinträchtigen könnte, vergaß er Madame Desroches einen Augenblick und ließ sich in eine Liebschaft ein, die geheimzuhalten seine Komplizin das größte Interesse hatte, und in einen notwendigen, fortgesetzten Briefwechsel. Man sah sich selten, schrieb sich aber oft. Wohl hundertmal habe ich Liebesleuten gesagt: Schreibt nicht; Briefe bringen Verderben; früher oder später lenkt der Zufall einen in die falschen Hände. Der Zufall kombiniert alle möglichen Situationen; er braucht nur Zeit, die verhängnisvolle herbeizuführen.«

»Und keiner hat Ihnen geglaubt?«

»Und alle sind ins Verderben gerannt, Desroches wie hunderttausend andere vor und Hunderttausende nach ihm. Er verwahrte die seinen in einer jener kleinen Schatullen, die obendrauf und an den Seiten mit Stahlbändern beschlagen sind. In der Stadt, auf dem Land war die Schatulle in einem Sekretär verschlossen. Auf Reisen ward sie in einem von Desroches' Koffern verstaut, auf dem Rücksitz des Wagens. Auch diesmal war sie dort. Sie fahren ab; sie kommen an. Beim Aussteigen gibt Desroches einem Bedienten die Schatulle, damit er sie in sein Zimmer trage, wohin man nur durch das Zimmer seiner Frau gelangte. Dort aber bricht das Band, die Schatulle fällt zu Boden, der Deckel löst sich vom übrigen, und Madame Desroches fällt eine Flut Briefe vor die Füße. Sie hebt ein paar auf und erkennt den Verrat ihres Gatten. Nie entsann sie sich dieses Augenblicks ohne Schauder. Sie sagte mir, ihr sei am ganzen Leibe der kalte Schweiß ausgebrochen und es sei ihr gewesen, als drückte eine Eisenklaue ihr das Herz ab und zerrisse ihr Inneres. Was soll aus ihr werden? Was soll sie tun? Sie ermannte sich; sie nahm zusammen, was ihr an Verstand und Kraft blieb. Sie wählte unter den Briefen einige der aufschlußreichsten aus; sie ordnete den Inhalt der Schatulle und befahl dem Bedienten, sie in das Zimmer seines Herrn zu stellen, ohne davon zu sprechen, was soeben geschehen war, falls er nicht auf der Stelle verjagt werden wollte. Sie hatte Desroches versprochen, er werde aus ihrem Mund nie eine Klage hören; sie hielt Wort. Doch die Trauer bemächtigte sich ihrer; manchmal weinte sie; zu Hause oder auf Spaziergängen wollte sie allein sein; sie ließ sich auf ihrem Zimmer servieren; sie hüllte sich in beständiges Schweigen; nur einige unwillkürliche Seufzer entschlüpften ihr. Der betrübte, aber nichts argwöhnende Desroches schrieb diesen Zustand Vapeurs zu, obwohl stillende Frauen darunter nicht zu leiden pflegen. In ganz kurzer Zeit war die Gesundheit seiner Frau so geschwächt, daß man das Land verlassen und in die Stadt zurückkehren mußte. Sie setzte bei ihrem Mann durch, die Reise in einer Kutsche allein zu machen. Hierher zurückgekehrt, betrug sie sich so zurückhaltend und geschickt, daß Desroches, der das Verschwinden der Briefe gar nicht bemerkt hatte, in ihrer anklingenden Geringschätzigkeit gegen ihn, in ihrer Gleichgültigkeit, ihren ungewollten Seufzern, ihren verhaltenen Tränen, ihrem Hang zur Einsamkeit nur die schon gewohnten Symptome der Unpäßlichkeit sah, die er bei ihr vermutete. Manchmal riet er ihr, das Stillen des Kindes abzubrechen; dies aber war das einzige Mittel, eine Erklärung zwischen ihr und ihrem Manne hinauszuschieben, solange es ihr beliebte. Desroches lebte also weiter neben seiner Frau in der tiefsten Unkenntnis der Ursache ihres Betragens, als sie eines Morgens groß, edel, würdig, in dem gleichen Kleid, mit dem gleichen Putz, die sie bei der häuslichen Feier am Tage vor der Hochzeit getragen, vor ihm erschien. Was sie an Frische und Fülle eingebüßt, was der heimliche, zehrende Kummer ihr an Reizen genommen hatte, war durch ihre hoheitsvolle Haltung mit Vorteil wettgemacht. Desroches schrieb an seine Freundin, als seine Frau eintrat. Verwirrung ergriff beide; aber beide, gleicherweise geschickt und interessiert zu heucheln, überwanden ihre Verwirrung rasch. ›Oh, meine Frau‹, rief Desroches, als er sie erblickte und wie aus Zerstreutheit das Papier zerknüllte, das er beschrieben. ›Wie schön Sie sind! Was sind denn heute Ihre Pläne?‹ – ›Mein Plan, Monsieur, ist, unsere Familien zusammenzurufen. Unsere Freunde, unsere Verwandten sind geladen, und ich rechne mit Ihnen.‹ – ›Aber gewiß. Um welche Zeit erwarten Sie mich?‹ – ›Um welche Zeit ich Sie erwarte? nun ... zur gewohnten Stunden.‹ – ›Sie haben Fächer und Handschuhe genommen, gehen Sie aus?‹ – ›Mit Ihrer Erlaubnis.‹ – ›Und dürfte man fragen, wohin Sie gehen?‹ – ›Zu meiner Mutter.‹ – ›Ich bitte Sie, ihr meinen Respekt zu entbieten.‹ – ›Ihren Respekt?‹ – ›Gewiß.‹

Madame Desroches kam erst wieder, als man zu Tisch ging. Die Gäste waren eingetroffen. Man erwartete sie. Sowie sie erschien, brach man in den gleichen Ruf aus wie vorher ihr Mann. Die Männer, die Frauen umringten sie, und alle sagten das eine: ›Seht nur, wie schön sie ist!‹ Die Frauen nestelten an ihrem Kopfputz. Die weiter ab stehenden Männer schauten starr vor Bewunderung und sagten einer zum andern: ›Nein, Gott oder die Natur haben nichts Eindrucksvolleres, Großartigeres, Schöneres, Edleres, Vollkommeneres erschaffen noch erschaffen können.‹ – ›Aber, meine Liebe‹, sagte Desroches zu ihr, ›Sie scheinen wenig gerührt von dem Eindruck, den Sie auf uns machen. Bitte, lächeln Sie nicht; ein Lächeln bei so viel Zauber müßte uns allen den Verstand rauben.‹ Madame Desroches erwiderte nur mit einer leicht ungeduldigen Gebärde, wandte den

Kopf ab und führte ihr Taschentuch an die Augen, die feucht zu werden begannen. Die Frauen, die alles bemerken, fragten sich leise: ›Was hat sie nur? Es sieht aus, als wollte sie weinen.‹ Desroches, der ihre Frage erriet, führte die Hand an die Stirn und bedeutete ihnen, daß Madames Kopf ein wenig angegriffen sei.«

»Richtig, man schrieb mir damals, es gehe das Gerücht, die schöne Madame Desroches, vormals die schöne Madame de La Carlière, sei verrückt geworden.«

»Man trug auf. Alle Gesichter zeigten muntere Laune, ausgenommen das von Madame de La Carlière. Desroches zog sie wegen ihrer würdigen Miene ein wenig auf. Er nahm weder seinen noch seiner Freunde Verstand ernst genug, um die Gefahr ihres Lächelns zu fürchten. ›Wenn du doch lächeln wolltest, meine Liebe!‹ Madame de La Carlière tat, als hörte sie nicht, und bewahrte ihren Ernst. Die Frauen sagten, ihr stünden alle Mienen so gut, daß man ihr die Wahl überlassen könnte. Das Essen ist beendet. Man begibt sich in den Salon. Der Kreis ist gebildet. Madame de La Carlière …«

»Madame Desroches wollten Sie sagen?«

»Nein; von nun an will ich sie nicht mehr so nennen. Madame de La Carlière klingelt; sie gibt ein Zeichen. Man bringt ihr das Kind. Sie empfängt es mit Zittern. Sie entblößt ihre Brust, sie säugt es und gibt es der Kinderfrau wieder, nachdem sie es traurig angeblickt, geküßt und mit einer Träne benetzt hat, die auf das Gesicht des Kindes fiel. Als sie die Träne trocknete, sagte sie: ›Das wird nicht die letzte sein.‹ Aber sie sprach dies so leise, daß man es kaum hörte. Die Szene rührte alle Anwesenden und verbreitete tiefes Schweigen im Salon.

Da erhob sich Madame de La Carlière und richtete die folgenden oder so ähnliche Worte an die Gesellschaft:

›Meine Verwandten, meine Freunde, Sie alle waren hier an dem Tag, als ich Herrn Desroches Treue gelobte und er mir. Die Bedingungen, zu denen ich seine Hand annahm und ihm meine gab, werden Ihnen gewiß erinnerlich sein. Herr Desroches, sprechen Sie. Habe ich mein Versprechen treu gehalten? …‹ – ›Auf das genaueste.‹ – ›Sie aber, Monsieur, haben mich betrogen, haben mich hintergangen …‹ – ›Ich, Madame! …‹ – ›Sie, Monsieur.‹ – ›Wer sind die Unglücklichen, die Nichtswürdigen …‹ – ›Unglücklich bin hier nur ich, und nichtswürdig sind nur Sie …‹ – ›Madame, meine Frau …‹ – ›Das bin ich nicht mehr …‹ – ›Madame!‹ – ›Fügen Sie der Treulosigkeit nicht noch Lüge und Anmaßung hinzu, Monsieur. Je mehr Sie sich verteidigen, desto tiefer werden Sie fallen. Schonen Sie sich selber …‹

Hiermit zog sie die Briefe aus ihrer Tasche, reichte beiläufig einige an Desroches und verteilte die übrigen unter die Anwesenden. Man nahm sie, las aber nicht. ›Meine Herrn, meine Damen‹, sagte Madame de La Carlière, ›lesen und urteilen Sie. Sie werden nicht von hier fortgehen, ohne Ihren Spruch gefällt zu haben.‹ Und zu Desroches: ›Sie, Monsieur, werden die Schrift wohl erkennen.‹ Man zögerte noch immer, doch auf Madame de La Carlières wiederholtes Drängen las man. Unterdes stand Desroches zitternd, reglos, den Kopf gegen einen Spiegel gelehnt, und wandte der Gesellschaft, die er nicht anzusehen wagte, den Rücken. Ein Freund erbarmte sich seiner, faßte ihn bei der Hand und zog ihn fort aus dem Salon.«

»Als mir diese Szene in allen Einzelheiten geschildert wurde, sagte man, er habe sich wie ein Tropf benommen und seine Frau ausgesprochen lächerlich.«

»Als Desroches hinaus war, fühlte man sich wohler. Man war sich über sein Vergehen einig: man billigte Madame de La Carlières Groll, vorausgesetzt, dieser triebe sie nicht zu weit. Man scharte sich um sie; man drang in sie, man bat sie, man beschwor sie. Der Freund, der Desroches mitgenommen hatte, ging ein und aus; er unterrichtete ihn über alles Vorgehende. Madame de La Carlière blieb fest in ihrem Entschluß, über den sie sich indes noch nicht erklärt hatte. Sie antwortete auf alle Einwendungen stets das gleiche. Zu den Frauen sagte sie: ›Meine Damen, ich will Ihre Nachsicht nicht tadeln.‹ Zu den Männern: ›Meine Herrn, das ist unmöglich; das Vertrauen ist gebrochen, es gibt keinen Ausweg.‹ Man holte den Ehemann. Er war mehr tot als lebendig. Er fiel, vielmehr stürzte seiner Frau zu Füßen; dort verharrte er stumm. ›Stehen Sie auf, Monsieur‹, sagte Madame de La Carlière. Er stand auf, und sie setzte hinzu: ›Sie sind ein schlechter Gatte. Ob Sie ein Ehrenmann sind, ob nicht, wird sich erweisen. Ich kann Sie nicht mehr lieben, nicht mehr achten; das heißt, ich erkläre Ihnen, daß wir nicht geschaffen sind, miteinander zu leben. Ich überlasse Ihnen mein Vermögen. Ich fordere nur so viel davon, wie ich für meinen bescheidenen Unterhalt und den meines Kindes brauche. Meine Mutter ist unterrichtet. In ihrem Haus ist eine Wohnung für mich bereitet; und Sie werden erlauben, daß ich sie sofort beziehe. Das einzige, was ich von Ihnen erbitte und zu Recht verlangen darf, ist, mir einen Skandal zu ersparen; er würde an meinem Vorsatz nichts ändern und hätte nur die einzige Wirkung, das grausame Urteil, das Sie über mich verhängt haben, zu beschleunigen. Dulden Sie, daß ich mein Kind mit mir nehme und an der Seite meiner Mutter warte, bis sie mir die Augen schließt oder ich ihr. Sollten Sie Kummer leiden, seien Sie gewiß, daß mein Schmerz und das hohe Alter meiner Mutter ihn bald endigen werden.‹

Tränen flössen aus aller Augen; die Frauen hielten ihr die Hände; die Männer hatten sich um sie niedergeworfen. Aber als Madame de La Carlière mit dem Kind in den Armen zur Tür schritt, brach alles in Schluchzen und lautes Weinen aus. Der Ehemann schrie: ›Meine Frau! meine Frau! hören Sie mich an; Sie wissen ja die Dinge nicht.‹ Die Männer, die Frauen schrien: ›Madame Desroches! Madame!‹ Der Ehemann schrie: ›Freunde, könnt ihr sie so gehen lassen? Haltet sie, haltet sie doch zurück! Sie muß mich anhören; ich muß mit ihr sprechen!‹ Da man ihn drängte, sich ihr entgegenzuwerfen, sagte er: ›Nein, ich kann es nicht, ich wage es nicht: ich die Hand an sie legen! Sie anrühren! Ich bin dessen nicht würdig.‹

Madame de La Carlière ging. Ich war bei ihrer Mutter, als sie, zerbrochen von der Härte, die sie sich auferlegt, dort eintraf. Drei Bediente hatten sie aus dem Wagen gehoben und trugen sie ins Haus; bleich wie der Tod folgte die Kinderfrau mit dem schlafenden Kind im Arm. Man legte die unglückliche Frau auf ein Ruhebett, wo sie lange regungslos lag, unter den Augen ihrer alten, ehrwürdigen Mutter, die den Mund zu stiller Klage öffnete, sich um sie bemühte, der Tochter helfen wollte und es nicht konnte. Endlich kehrte ihr Bewußtsein wieder; und als sie die Lider hob, waren ihre ersten Worte: ›So bin ich nicht gestorben? Der Tod muß etwas sehr Süßes sein! Mutter, legen Sie sich zu mir, sterben wir zusammen. Aber wenn wir sterben, wer soll dann für den armen Kleinen sorgen?‹

Dann faßte sie mit einer Hand die trockenen, zitternden Hände ihrer Mutter, legte die andre auf ihr Kind und brach in heiße, nicht endende Tränen aus. Sie schluchzte: sie wollte klagen; aber ihr Klagen und Schluchzen wurde von einem heftigen Schluckauf zerrissen. Als sie endlich Worte stammeln konnte, sagte sie: ›Wär's möglich, daß er ebenso leidet wie ich!‹ Unterdessen bemühte man sich, Desroches zu trösten und zu überzeugen, daß der Groll über ein so leichtes Vergehen wie das seinige nicht andauern könne; daß er freilich dem Selbstgefühl einer stolzen, empfindlichen, verletzten Frau einige Zeit zubilligen müsse, daß die Feierlichkeit jener außergewöhnlichen Zeremonie sie nahezu bei der Ehre zu einem gewaltsamen Schritt verpflichtete. ›Es ist ein wenig unsere Schuld‹, sagten die Männer … ›Wahrhaftig, ja‹, sagten die Frauen; ›hätten wir ihren hochsinnigen Mummenschanz mit denselben Augen gesehen wie die Öffentlichkeit und die Comtesse, wäre all das Betrübliche nicht passiert … Das kommt, weil ein gewisser Pomp uns einschüchtert und wir uns törichter Bewunderung überlassen, wo man einfach die Achseln zucken und lachen sollte … Ihr werdet ja sehen, wie diese letzte Szene die Runde machen und man uns sämtlich mit Hohn und Spott bedecken wird.‹«

»Unter uns, das bot sich an.«

»Mit jenem Tag nahm Madame de La Carlière wieder ihren Witwennamen an und litt nie mehr, daß man sie Madame Desroches nannte. Ihre Tür, die lange jedermann verschlossen war, blieb es für ihren Mann auf immer. Er schrieb, man verbrannte seine Briefe, ohne sie zu öffnen. Madame de La Carlière erklärte ihren Verwandten und Freunden, sie würde den Umgang mit jedem abbrechen, der für ihn einträte. Die Priester verwendeten sich fruchtlos. Die Einmischung der Großen wies sie mit solcher Hoheit und Festigkeit zurück, daß sie ihrer bald ledig war.«

»Sie werden sie als anmaßend und rettungslos prüde abgetan haben.«

»Und alle andern redeten es ihnen nach. Indes lebte sie abgeschieden, in Schwermut; ihre Gesundheit war in unfaßlich kurzer Zeit geschwunden. So viele Leute wußten um diese unerwartete Trennung und den Beweggrund, der sie herbeigeführt, daß diese bald das allgemeine Thema war. Und hier bitte ich Sie, Ihre Augen, wenn möglich, von Madame de La Carlière abzuwenden und auf die Öffentlichkeit zu richten, auf diese blödsinnige Menge, die uns richtet, über unsere Ehre verfügt, uns zu den Wolken erhebt oder in den Kot zieht und die wir desto höher achten, je tätiger und tugendhafter wir sind. Sklaven der öffentlichen Meinung, ihr mögt die Adoptivsöhne des Tyrannen sein, doch nie werdet ihr den vierten Tag der Iden erleben! … Es gab über Madame de La Carlière nur eine Meinung: ›Eine Närrin, reif fürs Irrenhaus … Ein schönes Beispiel hat sie gegeben! … Danach müßten drei Viertel der Frauen sich von ihren Männern trennen … Drei Viertel, sagen Sie? Gibt es zwei von hundert, die, genau besehen, treu sind? ... Madame de La Carlière ist eine sehr liebenswerte Frau, unstreitig; sie hatte ihre Bedingungen gestellt, gut; sie ist die Schönheit, die Tugend, die Ehrbarkeit selbst. Fügen Sie hinzu, daß der Chevalier ihr alles verdankt. Aber zu verlangen, daß in einem ganzen Königreich sie die einzige sei, der der Mann absolut treu ist – der Anspruch ist doch gar zu lächerliche.‹ Und dann hieß es: ›Wenn dieser Desroches so erpicht auf sie ist, warum geht er dann nicht zum Gericht und bringt die Frau zur Vernunft?‹ Stellen Sie sich vor, was daraus geworden wäre, hätte Desroches oder sein Freund sich erklären können; aber alles zwang sie zu schweigen. Dies letzte Gerede wurde den Ohren des Chevalier unnütz gesungen. Er hätte alles in Bewegung gesetzt, um seine Frau wiederzubekommen, nur keine Gewalt. Indes war Madame de La Carlière ja eine verehrte Frau; und unter all den Stimmen, die sie tadelten, erhoben sich einige, die ein Wort zu ihrer Verteidigung wagten; aber sehr zaghaft, sehr zahm, sehr schüchtern, weniger aus Überzeugung denn aus Anstand.«

»In den zweideutigsten Umständen nimmt die Partei der Anständigen unaufhörlich an Überläufern zu.«

»Das ist treffend beobachtet.«

»Lange währendes Unglück versöhnt mit allen Menschen, und der Verlust ihrer Schönheit söhnt eine Frau mit allen andern Frauen aus.«

»Noch besser. In der Tat, als die schöne Madame de La Carlière nur mehr ihr Skelett war, mischte sich Mitleid in den Tadel. ›So in der Blüte der Jahre dahinzuwelken, so zu vergehen an dem Verrat eines Mannes, den sie doch hinreichend gewarnt hatte, der sie doch kennen mußte und nur das eine Mittel hatte, ihr alles zu vergelten, was sie für ihn getan hatte; denn, unter uns, als Desroches sie geheiratet hat, war er ein kleiner bretonischer Junker, mit nichts als Mantel und Degen … Die arme Madame de La Carlière! es ist schon sehr traurig … Aber warum ist sie auch nicht zu ihm zurückgekehrt? … Ach, warum? Weil ein jeder seinen Charakter hat, und vielleicht wäre sogar zu wünschen, daß der ihre häufiger wäre; dann würden sich unsere Herren und Meister zweimal überlegen, was sie tun.‹

Während man so für und wider sprach beim Spitzeklöppeln oder Westesticken und die Waage unmerklich zu Madame de La Carlières Gunsten sich neigte, war Desroches in einen beklagenswerten psychischen und leiblichen Zustand verfallen, doch sah man ihn nicht; er hatte sich aufs Land begeben, wo er in Schmerz und Gram auf eine Regung von Mitgefühl wartete, das er auf allen Wegen der Unterwerfung vergeblich erfleht hatte. Ihrerseits bis zum letzten abgemagert und geschwächt, war Madame de La Carlière genötigt, ihr Kind einer gemieteten Amme zu überlassen. Der Unfall, den sie von einem Wechsel der Milch befürchtet hatte, trat ein; das Kind verfiel von Tag zu Tag und starb. Nun sagte man: ›Wissen Sie schon? Die arme Madame de La Carlière hat ihr Kind verloren … Sie muß untröstlich sein … Was nennen Sie untröstlich? Das ist ein Leid, das man nicht faßt. Ich habe sie gesehen; es ist ein Jammer! man erträgt es nicht … Und Desroches? … Reden Sie mir nicht von den Männern; das sind doch Tiger! Wenn ihm die Frau nur ein bißchen teuer wäre, wäre er dann auf dem Land? wäre er nicht hergeeilt? würde er sie nicht auf den

Straßen, in den Kirchen, vor ihrer Tür belagern? Denn wer ernstlich will, der öffnet sich eine Tür; man muß nur ausharren, da schlafen, da sterben …‹ In Wahrheit hatte Desroches keins dieser Dinge unversucht gelassen, nur wußte man es nicht; denn die Hauptsache ist nicht Wissen, sondern Reden. Also redete man … ›Das Kind ist gestorben … Wer weiß, ob es nicht genau solch Ungeheuer geworden wäre wie sein Vater? … Die Mutter geht zugrunde … Und der Mann, was macht er in der Zeit?… Schöne Frage! Tags läuft er mit seinen Hunden durch den Wald, und nachts führt er ein Lotterleben mit Kerlen seiner Art … Hervorragende.‹

Das nächste Ereignis. Desroches hatte in Ehren seinen Abschied erhalten, als er heiratete. Madame de La Carlière hatte verlangt, daß er den Dienst quittierte und sein Regiment dem jüngeren Bruder abtrat.«

»Hat Desroches einen jüngeren Bruder?«

»Nein, aber Madame de La Carlière.«

»Und?«

»Der junge Mann fällt in der ersten Feldschlacht; und nun schreit es von allen Seiten: ›Mit diesem Desroches ist das Unglück in die Familie eingezogen!‹ Hörte man den Klatsch, hätte man glauben können, der junge Offizier wäre von Desroches' Hand gefallen. Es war eine so allgemeine wie unbegreifliche Entfesselung, eine blinde Hetze. Je mehr Leid Madame de La Carlière traf, desto schwärzer wurde Desroches' Charakter, desto schnöder sein Verrat; und wiewohl nicht mehr, nicht minder schuldig, verabscheute man ihn zunehmend mit jedem Tag. Sie glauben, das wäre alles? Keinesfalls. Die Mutter von Madame de La Carlière war gute sechsundsiebzig

Jahre alt. Ich begreife, daß der Tod ihres kleinen Enkels und der ständige Anblick ihrer dahinsiechenden Tochter genügten, ihr Leben abzukürzen; doch sie war abgelebt und gebrechlich. Gleichviel: man vergaß ihr Alter, ihre Gebrechen; und Desroches ward auch noch für ihren Tod verantwortlich gemacht. Mit einem Schlag war es entschieden: er war ein Schurke, dem Madame de La Carlière sich nicht hätte nahen können, ohne jegliche Scham mit Füßen zu treten; er war der Mörder ihrer Mutter, ihres Bruders, ihres Sohnes!«

»Aber wenn Madame de La Carlière gestorben wäre, vor allem nach so langem, schmerzlichem Leiden, das der öffentlichen Ungerechtigkeit und dem Haß Tür und Tor öffnen mußte, hätten sie ihn nach solcher feinen Logik ja als den entsetzlichen Mörder einer ganzen Familie ansehen müssen.«

»Eben das geschah, eben das taten sie.«

»Ach!«

»Wenn Sie mir nicht glauben, wenden Sie sich an einige der hier Anwesenden; Sie werden ja sehen, was sie Ihnen dazu sagen. Er ist im Salon allein geblieben, weil mit dem Moment, als er sich einfand, jeder ihm den Rücken kehrte.«

»Warum nur? Man weiß von so manchem, daß er ein Schuft ist; aber wen hindert das, ihn zu empfangen?«

»Die Geschichte ist noch ziemlich frisch; und diese ganzen Leute hier sind Verwandte oder Freunde der Verstorbenen. Madame de La Carlière starb letzte Pfingsten, am zweiten Feiertag, und wissen Sie, wo? In Saint-Eustache, während des Gottesdienstes, inmitten einer großen Gemeinde.«

»Mein Gott, welche Narrheit! Man stirbt doch in seinem Bett. Wem ist je eingefallen, in der Kirche zu sterben? Diese Frau hatte sich wohl in den Kopf gesetzt, bizarr bis zum Ende zu sein.«

»Bizarr, das ist das richtige Wort. Sie hatte sich ein wenig besser gefühlt. Am Abend vorher hatte sie gebeichtet. Sie wähnte sich kräftig genug, das Sakrament in der Kirche zu empfangen, anstatt den Priester ins Haus zu rufen. Man trägt sie in einer Sänfte hin. Sie hört die Andacht ohne Klage und anscheinend, ohne zu leiden. Es kommt der Augenblick der Kommunion. Ihre Frauen stützen sie unter den Armen und führen sie zum heiligen Abendmahl. Der Priester kommuniziert sie, sie neigt sich vor, wie um sich zu sammeln, und stirbt.«

»Stirbt! …«

»Ja, sie stirbt bizarr, wie Sie gesagt haben.«

»Und Gott weiß, welchen Aufruhr das gab!«

»Lassen wir das – der ist immerhin verständlich –, und kommen wir zur Fortsetzung.«

»Daß nämlich die Frau nun noch hundertmal interessanter und der Mann noch hundertmal abscheulicher wurde.«

»Das sowieso.«

»Das ist noch nicht alles?«

»Nein, der Zufall wollte es, daß Desroches sich auf der Straße befand, als die tote Madame de La Carlière von der Kirche nach Hause getragen wurde.«

»Es scheint sich alles gegen den armen Teufel verschworen zu haben.«

»Er kommt näher heran, erkennt seine Frau; er schreit auf. Man fragt, wer der Mann sei. Aus der Menge klingt eine vorlaute Stimme (es war ein Pfaffe der Gemeinde): ›Das ist der Mörder dieser Frau.‹ Desroches, die Hände ringend und sich die Haare raufend, bekennt: Ja, ja, der bin ich.‹ Augenblicks rottet man sich um ihn zusammen; Verwünschungen hageln auf ihn nieder; man sammelt Steine auf, und er wäre auf dem Platz erschlagen worden, hätten ihn einige wackere Leute vor der Wut des aufgeputschten Pöbels nicht in Sicherheit gebracht.«

»Und wie betrug er sich während der Krankheit seiner Frau?«

»So gut er nur konnte. Wie wir alle hinters Licht geführt von Madame de La Carlière, die allen andern und womöglich sich selber ihr nahes Ende verhehlte …«

»Ich verstehe; dennoch blieb er der Barbar, der Unmensch.«

»Ein bestialischer Wilder, der ganz allgemach einen Dolch ins Herz einer göttlichen Frau, seiner Gattin und Wohltäterin, gebohrt und sie hatte sterben lassen, ohne einmal zu erscheinen, ohne das mindeste Zeichen von Anteilnahme und Empfindung zu bekunden.«

»Und das, weil er nicht gewußt hat, was man ihm verschwieg!«

»Was nicht einmal die wußten, die in ihrem Umkreis lebten.«

»Und in der Lage waren, sie täglich zu sehen.«

»Genau; und das ist nun das öffentliche Urteil über unser privates Verhalten; so wächst sich ein geringes Vergehen …«

»Ein sehr geringes!«

»… durch eine Folge von Ereignissen, die doch unmöglich vorauszusehen und zu verhindern waren, in ihren Augen ins Riesenhafte aus!«

»Sogar durch Umstände, die der ersten Ursache gänzlich fremd sind; so der Tod des Bruders von Madame de La Carlière nach der Übernahme von Desroches' Regiment.«

»Das kommt, weil sie im Guten wie im Bösen entweder die albernsten Lobhudler oder unbedenklichsten Kritiker sind. Stets ist das Ereignis ihr Maßstab für Lob oder Tadel. Hören Sie, was sie schwätzen, mein Freund, wenn es Sie nicht langweilt; aber glauben Sie nichts und wiederholen Sie es niemals, wenn Sie nicht den schlimmsten Unsinn unterstützen wollen. Was denken Sie jetzt? Sie sinnen?«

»Ich ändere die These, das heißt, ich nehme an, Madame de La Carlière wäre nach bekanntem Muster verfahren. Sie findet die Briefe; sie schmollt. Nach ein paar Tagen führt der Groll zu einer Aussprache und das Bett zur Versöhnung, wie es üblich ist. Trotz erneuerter Entschuldigungen, Beteuerungen und Schwüre verführt Desroches' leichter Charakter ihn zu einem zweiten Fehltritt. Neues Schmollen, neue Aussprache, neue Versöhnung, neue Versprechen, neue Falschschwüre, und das dreißig Jahre lang, wie es üblich ist. Doch ist Desroches ein ritterlicher Mann und also bemüht, die wahrlich geringe Kränkung durch ganz besondere Aufmerksamkeit, durch grenzenlose Gefälligkeit wettzumachen.«

»Wie es nicht immer üblich ist.«

»Keine Trennung, kein Skandal; sie leben zusammen wie wir alle; und die Schwiegermutter, die Mutter, der

Bruder, das Kind wären gestorben, ohne daß man darüber ein Wort zuviel verloren hätte.«

»Oder darüber nur gesprochen hätte, um einen Unglücklichen zu beklagen, den das Schicksal hart verfolgt und mit Unheil schlägt.«

»So ist es.«

»Woraus ich schließe, daß Sie nun nahezu bereit sind, die gräuliche Bestie mit den hunderttausend Köpfen und den ebenso vielen bösen Zungen so zu verachten, wie sie es wert ist. Aber früher oder später findet sie wieder zur Vernunft, und die Zukunft wird das Geschwätz der Gegenwart berichtigen.«

»Das heißt, Sie glauben, man wird die Sache eines Tages sehen, wie sie ist, Madame de La Carlière die Schuld geben und Desroches freisprechen?«

»Ich glaube, die Zeit ist gar nicht mal so fern; zum ersten, weil immer die Abwesenden unrecht haben, und welcher Abwesende ist so abwesend wie ein Toter; zum zweiten: es wird geredet, wird gestritten; die ältesten Geschichten werden in der Unterhaltung immer aufs neue aufgewärmt und minder parteiisch erwogen: vielleicht wird der arme Desroches noch zehn Jahre lang sein unglückliches Dasein so von Haus zu Haus schleppen, wie Sie ihn heute sahen; aber man wird sich ihm wieder nähern; wird ihn fragen; wird ihn anhören; er wird keinen Anlaß mehr haben zu schweigen; man wird den Hintergrund seiner Geschichte erfahren; seine Dummheit wird auf ein Nichts zusammenschrumpfen.«

»Wie sie's verdient.«

»Und wir beide sind noch jung genug, um eines Tages zu hören, wie man die schöne, die großartige, die tugendhafte, die würdige Dame de La Carlière als starrköpfige, hochnäsige, zugeknöpfte Pute ab tut; denn einer treibt den andern, und so regellos sie ihre Urteile fällen, so maßlos ist ihre Sprache.«

»Aber wie, wenn Sie eine heiratsfähige Tochter hätten: würden Sie sie Desroches geben?«

»Ohne Bedenken, weil ihn der Zufall auf ein Glatteis geführt hatte, vor dem weder Sie noch ich, noch sonst jemand sich gefeit nennen kann; weil Freundschaft, Ehrenhaftigkeit, Hilfsbereitschaft und alle möglichen Umstände seinen Fehltritt wie seine Entschuldigung vorbereitet hatten; weil er seit seiner unfreiwilligen Trennung von seiner Frau sich ganz untadelig betragen hat und weil ich, ohne treubrüchige Ehemänner rühmlich zu finden, auch die Frauen nicht schätzen kann, die einer so seltenen Eigenschaft derart viel Gewicht beimessen. Und dann habe ich so meine eigenen, vielleicht richtigen, jedenfalls unüblichen Vorstellungen über gewisse Handlungen, die ich weniger als menschliche Laster ansehe denn als notwendige Folgen unserer blödsinnigen Gesetzgebung, die die Quelle genauso blödsinniger Sitten und eines Sittenverfalls ist, den ich gern künstlich nennen würde. Das mag nicht allzu klar sein, aber vielleicht läßt es sich ein andermal erklären; und damit zurück unters gastliche Dach. Ich höre schon, wie zwei, drei unsrer alten Spielschwestern mit heiserem Geschrei nach Ihnen rufen; auch geht der Tag zur Rüste, und die Nacht zieht mit ebendem unzähligen Sternengefolge herauf, das ich Ihnen versprochen hatte.«

»*Wie wahr.*«

Bedauern über meinen alten Schlafrock

Warum habe ich ihn nur nicht behalten? Er war für mich geschaffen und ich für ihn. Er schmiegte sich allen Formen meines Körpers an, ohne irgendwo lästig zu werden – ich war malerisch und schön. Der neue, steif und schwer, macht mich zur Puppe. Es gab nichts, wozu er sich nicht gebrauchen ließ; denn die Dürftigkeit ist fast immer diensteifrig. War ein Buch mit Staub bedeckt, so bot sich einer seiner Zipfel als Staubtuch an. Wenn die dickgewordene Tinte nicht mehr aus meiner Feder rinnen wollte, flugs war eine Ecke da: in langen schwarzen Linien zeichneten sich auf ihm die häufigen Dienste ab, die er mir geleistet hatte. Diese langen Linien verkündeten den Literaten, den Schriftsteller, den arbeitenden Menschen. Jetzt sehe ich aus wie ein reicher Nichtstuer: man weiß nicht mehr, wer ich bin.

Unter seinem Schutz fürchtete ich weder das Ungeschick eines Dieners noch mein eigenes, weder Feuer noch Wasser. Ich war der absolute Herr meines alten Schlafrocks und bin nun der Sklave des neuen.

Der Drache, der das Goldene Vlies bewachte, war nicht weniger besorgt und wachsam, ich bin ganz eingehüllt in Sorge.

Ein verliebter Greis, der sich mit gebundenen Händen und Füßen den Launen eines jungen Mädchens ergeben hat, fragt von früh bis abends:

»Wo ist meine gute alte Haushälterin geblieben? Welcher Teufel hat mich geritten, als ich sie wegjagte um dieser willen!« Dann weint er und seufzt.

Ich weine nicht, ich seufze nicht. Aber jeden Augenblick sage ich:

»Verflucht sei, der die Kunst erfand, einem gewöhnlichen Stoff Wert zu verleihen, indem er ihn scharlachrot färbte. Verflucht sei das kostbare Gewand, das meine Achtung heischt! Wo ist mein altes, mein bescheidenes, mein bequemes Stück?!«

Liebe Freunde, bewahrt euch eure alten Freunde. Liebe Freunde, fürchtet den Reichtum! Möge mein Beispiel euch belehren. Die Armut hat ihre Freiheiten, der Reichtum seinen Zwang.

O Diogenes, wenn du deinen Schüler in dem prunkvollen Mantel des Aristippos sehen könntest! Du würdest lachen! O Aristippos, dieser prunkvolle Mantel ist teuer erkauft. Welch ein Unterschied zwischen deinem weichlichen, kriecherischen, weibischen Dasein und dem freien und festen Leben des zerlumpten Zynikers! Ich habe die Tonne verlassen, in der ich Herr war, um in die Dienste eines Tyrannen zu treten.

Das ist noch nicht alles, mein Freund: höre die Verheerungen des Luxus, die Folgen eines konsequenten Luxus!

Mein alter Schlafrock war eins mit den übrigen Sachen, die ihn umgaben: ein alter Rohrstuhl, ein Holztisch, Bergamo-Tapete, ein Brett aus Tannenholz, auf dem einige Bücher standen, einige verrauchte Kupferstiche ohne Rahmen, gleich auf die Tapete genagelt, zwischen den Kupferstichen drei oder vier Gipsabgüsse; das alles bildete mit meinem alten Schlafrock die allerharmonischste Dürftigkeit. Jetzt ist alles zerstört: keine Übereinstimmung, keine Gesamtwirkung, keine Schönheit.

Eine neue, ins kanonische Alter getretene Haushälterin in einem Pfarrhaus, eine Frau in einem Witwerhaushalt, ein Minister, der einen in Ungnade gefallenen Staatsdiener ersetzt, ein Jesuit, der sich der Gemeinde eines Jansenisten bemächtigt, sie alle verursachen nicht mehr Umsturz als der scharlachrote Eindringling bei mir.

Ich ertrage ohne Abscheu den Anblick einer Bäuerin. Ein Stück grobes Leinen bedeckt ihren Kopf, das Haar hängt ihr in Strähnen ins Gesicht, Lumpen bedecken sie notdürftig, der schlechte, kurze Rock reicht nur bis in die halbe Wade, selbst ihre nackten, schmutzbedeckten Füße können mich nicht stören: das Ganze ist das Bild eines Zustandes, den ich achte, es ist der Gesamteindruck des Elends einer notwendigen, unglücklichen Lage, die ich beklage. Aber mir wird übel, und trotz der parfümierten Luft, die sie umgibt, entferne ich mich und wende meinen Blick von jener Dirne, deren englische Spitzenhaube und zerrissene Manschetten, schmutzige Seidenstrümpfe und abgetragene Schuhe mir die Not des Heute verbunden mit der Pracht des Gestern zeigen.

So wäre meine Wohnung geworden, wenn der herrschsüchtige Scharlach nicht alles auf sich abgestimmt hätte.

Die Bergamo-Tapete mußte die Wand, die sie so lange bedeckt hatte, einem Damastbehang einräumen.

Zwei nicht unbedeutende Kupferstiche: der ›Mannaregen in der Wüste‹ von Poussin und ›Esther vor Assuerus‹ von demselben. Das eine sah sich schamlos vertrieben durch einen Greis von Rubens, das war die traurige Esther, der Mannaregen wurde verjagt vom Sturm von Vernet.

Den Rohrstuhl verbannte ein Maroquinsessel ins Vorzimmer.

Homer, Virgil, Horaz, Cicero entlasteten das schwache, unter ihrer Last gekrümmte Tannenbrett und zogen sich in einen Intarsienschrank zurück, einen Aufenthaltsort, dessen sie würdiger waren als ich.

Ein großer Spiegel bemächtigte sich des Kamins.

Die zwei hübschen Gipsabgüsse, die ich der Freundschaft Falconets verdanke, der sie selbst repariert hatte, wurden von einer kauernden Venus vertrieben. So ist der moderne Ton von der antiken Bronze zerschlagen worden!

Der Holztisch behauptete noch eine Weile das Feld, geschützt durch eine Masse aufeinandergehäufter Hefte und Papiere; sie schienen ihn noch lange der drohenden Katastrophe entziehen zu sollen. Eines Tages ereilte ihn sein Schicksal. Trotz meiner Faulheit ordneten sich die Hefte und Papiere in den Fächern eines kostbaren Schreibtisches. Verderblicher Trieb nach Harmonie, zartes und teures Taktgefühl, erhabener Geschmack, der da verändert, umbaut, aufbaut, umstürzt, der die Koffer der Väter leert und die Töchter ohne Mitgift, die Söhne ohne Erziehung läßt, der so viel schöne Dinge hervorbringt und so viel große Übel, der du bei mir den Holztisch durch den unheilvollen kostbaren Schreibtisch ersetztest, du bist es, der die Völker ins Verderben stürzt! Du wirst vielleicht eines Tages meinen Besitz auf die Brücke von Saint-Michel bringen, wo dann die heisere Stimme eines Versteigerers ertönt: »Zwanzig Louis für eine kauernde Venus!«

Der Zwischenraum zwischen dem Aufbau des Schreibtisches und dem darüberhängenden Sturm von Vernet wirkte peinlich kahl auf das Auge. Dieser kahle Raum wurde ausgefüllt durch eine Uhr. Und was für eine Uhr! Eine Uhr von Geoffrin, eine Uhr, die von Gold und Bronze strotzte.

Da war noch eine leere Ecke neben meinem Fenster. Diese Ecke verlangte einen Sekretär; sie erhielt ihn.

Noch eine unerfreuliche Leere zwischen dem Sekretäraufsatz und dem schönen Rubenskopf – sie wurde zugedeckt durch zwei Lagrenées.

Hier hängt eine Magdalena desselben Malers, dort eine Skizze von Vien oder Machy; denn ich interessierte mich auch für Skizzen.

So geschah es, daß die erbauliche Klause des Philosophen sich in das aufreizende Kabinett eines Generalpächters verwandelte, und damit spreche ich auch dem nationalen Elend Hohn.

Aus meiner ursprünglichen Dürftigkeit ist mir nur ein Vorleger aus Stoffresten geblieben. Dieser bescheidene Vorleger paßt nicht zu meinem Luxus. Das fühle ich. Aber ich habe geschworen, und ich schwöre es – denn Denis, der Philosoph, wird niemals ein Meisterwerk der Teppichweberei mit Füßen treten –, daß ich diesen Vorleger behalten werde wie der aus seiner Hütte in das Schloß seines Königs versetzte Bauer seine Holzpantoffeln. Wenn ich morgens, angetan mit dem prächtigen Scharlach, mein Kabinett betrete, erblicke ich, wenn ich den Blick senke, meinen alten Vorleger. Er erinnert mich an meinen früheren Zustand, und der Stolz hält an am Eingang meines Herzens. Nein, mein Freund, nein, ich bin nicht korrumpiert! Meine Tür ist jeder Not offen, die meine Hilfe sucht. Sie wird mich noch genau so umgänglich finden. Ich höre sie an, berate sie, helfe ihr und beklage sie. Meine Seele ist nicht verhärtet; meine Nase hat sich nicht gehoben. Mein guter, breiter Rücken ist rund wie früher. Es herrscht derselbe offene Ton, das gleiche herzliche Gefühl. Mein Luxus ist noch jung, und das Gift hat noch nicht gewirkt, aber wer weiß, was mit der Zeit noch geschieht? Was soll man von einem erwarten, der seine Frau und Tochter vergißt, Schulden macht; der aufgehört hat, Vater und Gatte zu sein, und statt in einem sicheren Koffer eine nützliche Summe zu häufen…

O heiliger Prophet! Erhebe deine Arme zum Himmel und bitte für einen Freund in Gefahr! Sprich zu Gott: »Wenn du in deiner ewigen Weisheit siehst, daß der Reichtum Denis' Herz verdirbt, dann verschone die Meisterwerke nicht, die er anbetet, zerstöre sie und führe ihn zurück zu seiner ursprünglichen Armut!« Ich meinerseits werde dem Himmel sagen: »O Gott, ich schicke mich dem Gebet des heiligen Propheten und deinem Willen! Ich überlasse dir alles. Nimm alles, ja alles – außer dem Vernet! Laß mir den Vernet! Es ist ja nicht der Künstler, es bist ja du, der ihn geschaffen hat.

Achte das Werk der Freundschaft und deiner Hände! Sieh den Leuchtturm, sieh den zweiten Turm, der da rechts aufragt! Sieh diesen alten, vom Winde zerzausten Baum!

Wie schön ist diese Masse! Und über der dunklen Masse, sieh die grünbeschatteten Felsen. So hat sie deine allmächtige Hand geschaffen, so hat sie deine gütige Hand umhüllt. Sieh die schräge Terrasse, die sich vom Fuß des Felsens zum Meere herabsenkt! Sie ist das Sinnbild der Zerstörungen, die du der Zeit erlaubst an den festesten Dingen dieser Welt. Anders hätte sie auch deine Sonne nicht beschienen. Gott, wenn du dieses Kunstwerk vernichtest, wird es heißen, du bist ein eifersüchtiger Gott. Erbarme dich der Unglücklichen, die an diesem Ufer gestrandet sind. Genügt es dir nicht, ihnen den Abgrund gezeigt zu haben? Hast du sie nur gerettet, um sie zu verderben? Erhöre ihr Dankgebet! Hilf dem, der die traurigen Reste seiner Habe zusammenrafft! Verschließe dein Ohr den Verwünschungen des Verzweifelten, er erhoffte so viel Glück! Er hatte von Ruhe und Abgeschiedenheit geträumt, er glaubte, seine letzte Reise zu tun. Hundertmal hatte er auf der Fahrt seinen Besitz an den Fingern hergezählt, hatte bereits seine Verwendung bestimmt – und siehe da, alle seine Hoffnungen sind zerstört! Es blieb ihm kaum genug, seinen nackten Leib zu bedecken. Laß dich rühren von der Liebe der beiden Gatten. Sieh das Entsetzen, das du dieser Frau einjagst, sie dankt dir für das Schlimme, was du ihr nicht getan hast. Das Kind ist zu jung, um zu begreifen, welcher Gefahr es mit seinem Vater und seiner Mutter ausgesetzt war, und spricht indessen mit dem treuen Reisebegleiter, – es schließt das Halsband des Hundes, beschirme die Unschuld! Sieh diese eben dem nassen Tod entgangene Mutter und ihren Gatten! Sie hat nicht um sich gezittert, nur um das Kind. Sieh, wie sie es an ihre Brust drückt, wie sie es küßt! O Gott! Erkenne die Wasser, die du geschaffen hast, erkenne sie, wenn dein Odem sie bewegt und wenn deine Hand sie besänftigt.

Erkenne die düsteren Wolken, die du versammelt hattest und die es dir gefallen hat wieder zu zerstreuen. Schon trennen sie sich und entschwinden. Schon beginnt der Sonne Widerschein auf dem Wasser zu glänzen. Ich ahne die Ruhe an dem rosigen Horizont. Wie weit er ist, dieser Horizont! Er berührt das Meer nicht einmal. Der Himmel reicht darüber hinweg und scheint den Erdball zu umfangen. Erhelle diesen Himmel ganz, gib dem Meer ganz seinen Frieden wieder! Laß die Matrosen ihr gestrandetes Schiff flott machen. Stehe ihnen bei in ihrer Arbeit, gib ihnen Kraft und laß mir mein Bild! Laß es mir wie die Rute, mit der du den eitlen Menschen züchtigst! Schon kommen die Leute nicht mehr zu mir, um mich zu hören, sie wollen Vernet bei mir bewundern. Der Maler hat den Dichter bezwungen.

Ich besitze einen schönen Vernet. Sein Vorwurf ist das Ende eines Sturmes ohne schlimme Katastrophe. Die Wogen sind noch bewegt, der Himmel von Wolken bedeckt, die Matrosen mühen sich um ihr gestrandetes Schiff. Von den nahen Höhen eilen die Menschen herbei. Wieviel Geist besitzt dieser Künstler! Wenige Hauptgestalten genügen ihm, um alle Einzelheiten des Augenblicks, den er gewählt hat, darzustellen. Wie wahr ist diese Szene! Wie leicht, ungezwungen und kraftvoll das gemalt ist! Ich will dieses Zeugnis seiner Freundschaft behalten. Ich will, daß mein Schwiegersohn es seinen Kindern vermacht und seine Kinder den ihren und diese wieder ihren Kindern.

Wenn Ihr das schöne Gesamtbild sehen könntet! Diese Harmonie! Wie alles verkettet ist, wie alles zur Geltung kommt, ohne Übertreibung und ohne Künstelei. Wie duftig sind die Höhen rechts, wie schön die Felsen mit ihren Gebäuden! Wie malerisch der Baum! Die Beleuchtung dieser Terrasse! Wie das Licht da abnimmt, und wie die Gestalten verteilt sind: wahr, bewegt, natürlich, lebendig. Wie sie packen! Mit welcher Kraft sie gemalt sind! Wie rein gezeichnet, wie sie sich vom Hintergrund abheben! Diese unendliche Weite des Raumes, die Wahrheit der Wasser, diese Wolken, dieser Himmel, dieser Horizont! Hier ist der Hintergrund düster und der Vordergrund voll Licht im Gegensatz zur üblichen Art.

Kommt meinen Vernet ansehen, aber nehmt ihn mir nicht!

Mit der Zeit werden die Schulden bezahlt werden. Das Gewissen wird sich beruhigen. Ich werde eine reine Freude haben. Fürchtet nicht, daß mich die Wut erfassen wird, schöne Dinge zu häufen.

Die Freunde, die ich besaß, habe ich noch, und es sind nicht mehr geworden. Ich habe Lais, aber Lais hat mich nicht. Ich bin glücklich in ihren Armen. Ich bin bereit, sie dem zu überlassen, den ich liebe und den sie glücklicher machen kann als mich. Und, um Euch mein Geheimnis ins Ohr zu flüstern: Diese Lais, die sich den anderen so teuer verkauft, hat mich gar nichts gekostet!

Die beiden Freunde von Bourbonne

Es gab hier zwei Männer, die man den Orest und den Pylades von Bourbonne nennen könnte. Der eine hieß Olivier, der andere Felix. Sie wurden am selben Tag, im selben Haus, von zwei Schwestern geboren. Sie wurden mit derselben Milch genährt; denn als die eine Mutter im Wochenbett starb, nahm sich die andere beider Kinder an. Sie wuchsen zusammen auf; sie lebten immer von andern gesondert: sie liebten sich, wie man da ist, wie man atmet, ohne sich's bewußt zu machen; sie fühlten es jeden Augenblick, aber sie haben es sich wahrscheinlich nie gesagt. Einmal hatte Olivier Felix das Leben gerettet, der sich ein großer Schwimmer dünkte und fast ertrunken wäre: sie hatten es alle beide vergessen. Hundertmal zog Felix Olivier aus schlimmen Händeln, in die seine heftige Art ihn verwickelte, aber nie war es dem Freund eingefallen, ihm dafür zu danken: sie gingen miteinander heim, ohne zu reden, oder sie redeten von was anderm.

Als fürs Militär gelost wurde und Felix das erste schicksalhafte Papier zog, sagte Olivier: »Das andre ist für mich.« Sie standen ihre Dienstjahre durch; sie kehrten nach Hause zurück: ob einer dem andern noch lieber als vorher, kann ich Ihnen nicht sagen, Brüderchen: denn wenn gegenseitige Wohltaten überlegte Freundschaften festigen, fügen sie wohl denen nichts hinzu, die ich gern kreatürliche, häusliche Freundschaften nennen möchte. Bei der Armee, als Olivier in einem Gefecht ein Säbelhieb drohte, der ihm den Kopf gespalten hätte, fing Felix den Hieb unwillkürlich und behielt davon eine Narbe: es heißt, er sei auf die Wunde stolz gewesen, aber das glaube ich nicht. Bei Hastenbeck rettete Olivier Felix aus einem Haufen Toter, worunter er liegengeblieben war. Aber fragte man sie nach derlei, berichtete gelegentlich wohl der eine, wie der andere ihm geholfen, doch nie, wie er dem andern geholfen hatte. Olivier sprach von Felix, Felix sprach von Olivier; aber sie rühmten sich selber nicht. Eine Zeit nach ihrer Heimkehr liebten beide, und der Zufall wollte, daß es dasselbe Mädchen war. Es gab zwischen ihnen keine Rivalität; der erste, der die Leidenschaft seines Freundes erkannte, zog sich zurück: es war Felix. Olivier heiratete; und Felix, vom Leben angewidert, ohne zu wissen warum, stürzte sich in alle möglichen gefahrvollen Gewerbe; zuletzt wurde er Schmuggler.

Sie wissen, Brüderchen, es gibt in Frankreich vier Gerichte, wo Schmuggler abgeurteilt werden: in Caen, Reims, Valence und Toulouse; das strengste der vier ist in Reims, wo ein gewisser Coleau Vorsitzender ist, die blutrünstigste Seele, die die Natur je gemacht hat. Felix wurde mit Waffen in den Händen ergriffen, vor den Schreckensmann Coleau geführt und zum Tode verurteilt, wie fünfhundert andere vor ihm. Olivier erfuhr, welches Los Felix drohte. Eines Nachts stiehlt er sich von seiner Frau weg und geht, ohne ihr etwas zu sagen, nach Reims. Er spricht bei Richter Coleau vor, er wirft sich ihm zu Füßen und bittet um die Gnade, Felix zu sehen und zu umarmen. Coleau betrachtet ihn, schweigt einen Augenblick und bedeutet ihm, sich zu setzen. Olivier setzt sich. Nach einer halben Stunde zieht Coleau seine Uhr und sagt zu Olivier: »Wenn du deinen Freund noch lebend sehn und umarmen willst, beeil dich, er ist auf dem Weg; und sofern meine Uhr richtig geht, ist er, eh zehn Minuten um sind, gehangen.« Olivier, vor Wut von Sinnen, springt auf, trifft den Richter Coleau mit einem ungeheuren Stockschlag ins Genick, daß der wie tot niedersinkt; stürmt zum Richtplatz, schreit, schlägt den Henker, schlägt die Gerichtsdiener zusammen, bringt den Pöbel auf, der über solche Hinrichtungen längst empört ist. Steine fliegen; Felix kommt frei und flieht; Olivier denkt an die eigene Rettung: aber ein Soldat von den Berittenen hatte ihm sein Bajonett in die Seite gestoßen, ohne daß er's fühlte. Er kam bis ans Stadttor, weiter konnte er nicht; mitleidige Fuhrleute luden ihn auf ihren Karren und legten ihn vor seiner Haustür nieder, einen Augenblick, ehe er verschied; er hatte nur noch Zeit, seiner Frau zu sagen: »Komm her, Frau, laß dich umarmen; ich sterbe, aber der Narbige ist gerettet.«

Eines Abends, als wir wie gewohnt spazierengingen, sahen wir vor einer Kate eine große Frau mit vier kleinen Kindern zu ihren Füßen stehen; ihre traurige, stille Haltung erregte unsere Aufmerksamkeit, und unsere Aufmerksamkeit weckte ihre. Nach anfänglichem Schweigen sagte sie zu uns: »Hier, seht die vier kleinen

Kinder, ich bin ihre Mutter, mein Mann ist tot.« Diese hohe Art, Mitleiden zu erflehen, war sehr angetan, uns zu rühren. Wir erboten ihr unsere Hilfe, die sie mit Anstand entgegennahm: bei dieser Gelegenheit erfuhren wir die Geschichte von Olivier, ihrem Mann, und seinem Freund Felix. Wir haben uns für sie verwendet, und ich hoffe, unsere Fürsprache wird ihr nicht unnütz gewesen sein. Sie sehen, kleiner Bruder, daß es in allen Ständen und allen Ländern Seelengröße und hohe Eigenschaften gibt; daß manch einer im Dunkeln stirbt, dem es nur an einem andern Schauplatz fehlte; und daß man nicht bis zu den Irokesen gehn muß, um zwei Freunde zu finden.

Zu der Zeit, als der Räuber Testalunga mit seiner Bande Sizilien unsicher machte, wurde sein Freund und Vertrauter Romano gefaßt. Er war Testalungas Leutnant und Stellvertreter. Nun wurde der Vater dieses Romano Verbrechen halber festgenommen und eingekerkert. Man versprach ihm die Freiheit, wenn Romano seinen Chef Testalunga verriete und auslieferte. Der Kampf zwischen der Sohnesliebe und der geschworenen Freundschaft war hart. Aber der alte Romano, beschämt, daß er sein Leben einem Verrat danken sollte, bestimmte seinen Sohn, der Freundschaft den Vorzug zu geben. Romano handelte nach den Worten seines Vaters. Der alte Romano wurde hingerichtet; und nie konnten die grausamsten Folterungen dem jüngeren Romano eine Anzeige seiner Komplizen entreißen.

Sie fragen an, Brüderchen, was aus Felix geworden ist; diese Neugier ist so begreiflich und ihr Motiv so lobenswert, daß wir ein wenig beschämt sind, sie nicht selbst gehabt zu haben. Um unsern Fehler gutzumachen, dachten wir zunächst an Herrn Papin, Doktor der Theologie und Pfarrer von Sainte-Marie in Bourbonne: aber Mama besann sich anders, und wir erkundigten uns lieber bei Subdelegat Aubert, einem guten, aufrechten Mann, der uns folgenden Bericht sandte, auf dessen Wahrheit Sie bauen dürfen:

»Der benannte Felix lebt noch. Den Händen der Gerichtsbarkeit entronnen, floh er in die Wälder unserer Provinz, wo er alle Wege und Stege aus der Zeit kennt, als er Schmuggler war, und suchte sich allmählich Oliviers Behausung zu nähern, von dessen Schicksal er nichts wußte.

Tief in einem Wald, in dem sie so manches Mal spazierengegangen sind, lebte ein Köhler, dessen Hütte dieser Art Leute zum Unterschlupf diente; dort war auch ihr Waren- und Waffenlager; dahin begab sich Felix, nicht ohne Gefahr, der Maréchaussée in die Fänge zu geraten, die ihm auf der Spur war. Einige seiner Kameraden hatten die Nachricht von seiner Gefangensetzung zu Reims überbracht, und der Köhler und die Köhlerin glaubten ihn hingerichtet, als er bei ihnen erschien.

Ich erzähle Ihnen die Sache nun, wie ich sie von der Köhlerin habe, die hier unlängst verstorben ist.

Als erste sahen ihn die Kinder, die im Umkreis der Hütte sich bewegten. Während er innehielt und den Jüngsten, sein Patenkind, liebkoste, liefen die andern zur Hütte und schrien: ›Felix! Felix!‹ Vater und Mutter eilten mit dem gleichen Freudenschrei hinaus; aber der arme Kerl war vor Ermüdung und Hunger so erschöpft, daß er nicht die Kraft zu antworten hatte und ihnen fast bewußtlos in die Arme sank.

Die guten Leute gaben, was sie hatten, Brot, Wein, ein bißchen Gemüse: er aß und schlief ein.

Als er erwachte, war sein erstes Wort: ›Olivier! Kinder, wißt ihr nichts von Olivier?‹ – ›Nein‹, antworteten sie. Er erzählte ihnen das Abenteuer zu Reims; er blieb die Nacht und den nächsten Tag bei ihnen. Er seufzte, er sprach Oliviers Namen; er glaubte ihn im Gefängnis zu Reims; er wollte hin und mit ihm sterben; und nicht ohne Not brachten ihn der Köhler und seine Frau davon ab.

Um die Mitte der zweiten Nacht nahm er eine Flinte, einen Säbel an sich und rief mit leiser Stimme den Köhler an:

›Köhler!‹

›Felix!‹

›Nimm deine Axt und komm.‹

›Wohin?‹

›Wohin! Zu Olivier.‹

Sie brechen auf; aber als sie den Wald verlassen, werden sie von einer Abteilung der Maréchaussée umstellt.

Ich berufe mich auf den Bericht der Köhlerin; allein, es ist unfaßbar, daß zwei Männer zu Fuß an zwanzig Berittenen sollen standgehalten haben: wahrscheinlich waren diese vereinzelt und wollten ihre Beute lebendig. Doch wie dem sei, es gab ein heißes Treffen; fünf Pferde wurden verstümmelt und sieben Reiter mit Axt oder Säbel niedergehauen. Der arme Köhler blieb mit einem Schläfenschuß tot auf dem Platz; Felix entkam in den Wald; und da er unglaublich behende ist, lief er immer von einer Stelle zur andern; lud im Laufen seine Flinte, schoß und gab Pfiffe ab. Diese Pfiffe, diese Flintenschüsse, die in verschiedenen Abständen, aus verschiedenen Richtungen ertönten, jagten den Berittenen die Angst ein, dort stecke eine ganze Schmugglerbande, und sie zogen schleunigst ab.

Als Felix sah, daß sie fort waren, ging er zum Schlachtfeld zurück; er lud die Leiche des Köhlers auf seine Schultern und nahm den Weg zur Hütte, wo die Köhlerin und ihre Kinder noch schliefen. Er hält vor der Tür, legt den Leichnam an die Erde und setzt sich mit dem Rücken gegen einen Baum, das Gesicht dem Eingang der Hütte zugekehrt. Dieses Bild erwartete die Köhlerin, sobald sie aus dem Haus treten würde.

Sie erwacht, sie findet ihren Mann nicht an ihrer Seite; sie sucht mit den Augen Felix, kein Felix da. Sie steht auf, geht hinaus, sie sieht, sie schreit, stürzt rücklings zu Boden. Die Kinder kommen gelaufen, sie sehen, schreien; sie wälzen sich über ihren Vater, über ihre Mutter. Die Köhlerin, die über dem Aufruhr und den Schreien der Kinder wieder zu sich kommt, rauft sich die Haare, zerfleischt sich die Wangen. Felix, der reglos an dem Baum saß, die Augen geschlossen, den Kopf zurückgeworfen, sagte mit tonloser Stimme: ›Tötet mich.‹ Einen Augenblick trat Stille ein; dann fing das Klagen und Weinen von neuem an, und Felix sagte wieder: ›Tötet mich; habt Erbarmen, Kinder, tötet mich.‹

So brachten sie drei Tage und drei Nächte zu mit Trauern; am vierten Tag sagte Felix zur Köhlerin: ›Frau, nimm deinen Handsack, tu Brot hinein und folg mir.‹ Nach langem Umweg über unsere Berge, durch unsere Wälder kamen sie an Oliviers Haus, das, wie Sie wissen, am äußersten Ende des Ortes liegt, dort, wo der Weg sich in zwei Landstraßen teilt, deren eine nach der Franche-Comte, die andere nach Lothringen führt.

Dort, zwischen den Witwen zweier Männer, die seinetwillen hingemetzelt worden waren, sollte Felix den Tod Oliviers erfahren. Er tritt ein und fragt schroff Oliviers Frau: ›Wo ist Olivier?‹ Am Schweigen der Frau, an ihren Kleidern, ihren Tränen begriff er, daß Olivier nicht mehr war. Ihm wurde übel; er stürzte und zerschlug sich den Kopf am Backtrog. Die beiden Witwen hoben ihn auf; sein Blut floß auf sie; und während sie es mit ihren Schürzen zu stillen suchten, sagte er: ›Und ihr seid ihre Frauen und steht mir bei!‹ Darauf verlor er die Besinnung, dann kam er wieder zu sich und sagte seufzend: ›Warum hat er mich nicht gelassen? Wozu mußte er nach Reims kommen? Warum hat keiner ihn aufgehalten?…‹ Dann verwirrte sich sein Kopf gänzlich, er begann zu toben, er wälzte sich am Boden und zerriß seine Kleider. In einem solchen Anfall zog er den Säbel und wollte sich umbringen; aber die Frauen warfen sich auf ihn, schrien um Hilfe; die Nachbarn eilten herbei: er wurde mit Stricken gefesselt und sieben- bis achtmal zur Ader gelassen. Mit der Erschöpfung der Kräfte sank seine Wut, und er lag drei, vier Tage wie tot, worauf sein Verstand wiederkehrte. Im ersten Augenblick ließ er die Augen um sich wandern wie einer, der aus tiefem Schlaf erwacht, und fragte: ›Wo bin ich? Wer seid Ihr, Frauen?‹ Die Köhlerin antwortete: ›Ich bin die

Köhlerin …‹ – ›Ah, die Köhlerin, ja …‹, sagte er, ›und Ihr? …‹ Oliviers Frau blieb stumm. Da weinte er, kehrte sich um zur Wand und sagte schluchzend: ›Ich bin bei Olivier … dies ist Oliviers Bett … und die Frau da ist Oliviers Frau!‹

Die beiden Frauen umhegten ihn so sorglich, sie erweckten in ihm so großes Mitleid, sie baten ihn so inständig, am Leben zu bleiben, sie beschworen ihn auf so rührende Weise, daß er ihre einzige Stütze sei, daß er sich überzeugen ließ.

Während der ganzen Zeit, die er in dem Hause blieb, legte er sich nicht mehr schlafen. Er ging des Nachts hinaus, irrte durch die Felder, wälzte sich auf der Erde, rief Olivier; eine der Frauen ging ihm nach und brachte ihn bei Tagesgrauen zurück.

Mehrere Personen wußten, daß er in Oliviers Haus war; darunter gab es Übelgesinnte. Die Witwen warnten ihn vor der Gefahr, die er lief: das war an einem Nachmittag, er saß auf einer Bank, den Säbel auf den Knien, die Ellbogen auf einen Tisch gestützt und die geschlossenen Hände vor den Augen. Zuerst antwortete er nicht. Oliviers Frau hatte einen Jungen von siebzehn, achtzehn Jahren, die Köhlerin eine Tochter von fünfzehn. Mit einemmal sagte er zur Köhlerin: ›Köhlerin, geh, hol deine Tochter und bring sie her …‹ Er hatte einige Tagwerke Wiesen, die verkaufte er. Die Köhlerin kam mit ihrer Tochter, Oliviers Sohn heiratete sie: Felix schenkte ihnen das Geld von seinen Wiesen, umarmte sie, bat sie weinend um Vergebung; und sie gingen und richteten sich in der Köhlerhütte ein, wo sie jetzt noch leben und den andern Kindern Vater und Mutter sind. Die beiden

Witwen blieben beieinander; und Oliviers Kinder hatten einen Vater und zwei Mütter.

Die Köhlerin ist vor ungefähr anderthalb Jahren gestorben; Oliviers Frau beweint sie noch jeden Tag.

Eines Abends, als sie nach Felix spähten (denn eine der beiden behielt ihn immer im Auge), sahen sie, wie er in Tränen ausbrach, schweigend die Arme nach der Tür erhob, die ihn von ihnen trennte, und dann sein Bündel zu packen begann. Sie sprachen mit ihm nicht darüber, denn sie wußten ja, wie dringlich es war, daß er fortging. Sie aßen alle drei schweigend zu Abend. Bei Nacht stand er auf; die Frauen schliefen nicht: er ging auf Zehenspitzen zur Tür. Dort hielt er inne, blickte nach dem Bett der Frauen, trocknete sich mit der Hand die Augen und ging. Die beiden Frauen schlossen einander in die Arme und brachten die übrige Nacht mit Weinen hin. Man weiß nicht, wohin er sich flüchtete; aber kaum eine Woche verging, ohne daß er ihnen einiges zur Unterstützung schickte.

Der Wald, wo die Köhlerstochter mit Oliviers Sohn lebt, gehört einem Monsieur Ledere de Rançonniéres, einem sehr reichen Mann und Herrn noch eines anderen Dorfes in diesem Kanton, das Courcelles heißt.

Eines Tages, als Herr von Rançonniéres, oder von Courcelles, wie Sie wollen, in seinem Wald jagte, kam er an die Hütte von Oliviers Sohn; er trat ein, spielte mit den Kindern, die hübsch sind; er fragte sie aus; das Gesicht der Frau, die nicht übel aussieht, gefiel ihm; der entschlossene Ton des Mannes, der viel von seinem Vater hat, nahm ihn ein; er erfuhr die Geschichte ihrer Eltern, er versprach, ein Gesuch um Begnadigung für Felix einzureichen; er reichte es ein und erhielt sie.

Felix trat in Herrn von Rançonniéres' Dienst, der ihm eine Stelle als Wildhüter gab.

Ungefähr zwei Jahre hatte er in Schloß Rançonniéres gelebt und den Witwen einen guten Teil seines Lohns geschickt, als die Anhänglichkeit an seinen Herrn und sein stolzer Sinn ihn in einen Handel verstrickten, der anfänglich nichts war, aber die schlimmsten Folgen brachte.

Herr von Rançonniéres hatte in Courcelles einen Herrn Fourmont, Präsidialrat zu Ch…, zum Nachbarn. Die beiden Häuser waren nur durch einen Wehrstein getrennt; dieser Wehrstein beengte Herrn von Rançonniéres' Tor und machte die Einfahrt für Gefährte schwierig. Herr von Rançonniéres ließ ihn um einige Fuß nach Herrn Fourmonts Seite hin versetzen; dieser verschob den Wehrstein wieder ebensoweit zu Herrn von Rançonniéres; und es kam zwischen den Nachbarn zu Haß, Beschimpfungen, einem Prozeß. Der Prozeß um den Wehrstein zog zwei, drei noch beträchtlichere nach sich. So standen die Dinge, als eines Abends Herr von Rançonniéres, der mit seinem Wildhüter von der Jagd kam, auf der Straße Herrn Fourmont, dem Rat, und seinem Bruder, einem Offizier, begegnete. Dieser nun sagte zu seinem Bruder: ›Was meinen Sie, Bruder, sollte man dem alten Hundsfott nicht die Visage zerhauen?‹ Herr von Rançonniéres hörte diese Worte nicht, aber zum Unglück hörte sie Felix, der sich stolz an den jungen Mann wandte und sagte: ›Herr Offizier, hätten Sie wohl Mut genug zu tun, was Sie gesagt haben?‹ Zugleich legt er seine Flinte zu Boden und schließt die Hand um den Säbelgriff, denn er ging nie ohne seinen Säbel. Der junge Offizier zieht den Degen, geht auf Felix zu; Herr von Rançonniéres kommt gelaufen, tritt dazwischen, faßt seinen Heger. Unterdes bemächtigt sich der Militär der Flinte, die an der Erde lag, schießt auf Felix, verfehlt ihn; dieser erwidert mit einem Säbelhieb, schlägt dem jungen Mann den Degen herunter, und mit dem Degen den halben Arm: und so kommt zu drei, vier Zivilprozessen noch ein Kriminalprozeß; Felix wird eingekerkert; ein schreckliches Verfahren hat statt; und infolge des Verfahrens wird ein hoher Beamter entsetzt und fast entehrt, ein Offizier aus dem Dienst entlassen; Herr von Rançonniéres stirbt vor Gram, und Felix, noch immer in Haft, ist dem ganzen Haß der Fourmonts preisgegeben. Er hätte ein unglückliches Ende gefunden, hätte die Liebe nicht geholfen; die Tochter des Kerkermeisters verliebte sich in ihn und verhalf ihm zur Flucht: wenn dies nicht wahr ist, so ist es wenigstens hier die allgemeine Ansicht. Er ging nach Preußen, wo er heute im Garderegiment dient. Man sagt, er werde von seinen Kameraden geliebt und sei sogar dem König bekannt. Sein Kriegsname ist ›Der Traurige‹; Oliviers Witwe hat mir berichtet, daß er ihr nach wie vor Unterstützung sendet.

Dies, Madame, ist alles, was ich über Felix in Erfahrung bringen konnte. Ich füge meinem Bericht einen Brief von Herrn Papin, unserm Pfarrer, bei. Ich weiß nicht, was er enthält; aber ich fürchte sehr, der arme Priester, dessen Kopf und Herz ein wenig eng sind, wird von Olivier und Felix gemäß seinen Vorurteilen sprechen. Ich beschwöre Sie, Madame, halten Sie sich an die

Tatsachen, denen Sie unbedingt vertrauen dürfen, und an Ihr gütiges Herz, das Ihnen besser raten wird als der beste Kasuist von der Sorbonne, der Herr Papin nicht eben ist.«

Brief des Herrn Papin, Doktor der Theologie und Pfarrer von Sainte-Marie zu Bourbonne:

»Madame, ich weiß nicht, was der Herr Subdelegat Ihnen von Olivier und Felix erzählt hat, noch welchen Anteil Sie an zwei Räubern nehmen können, deren sämtliche Schritte in dieser Welt mit Blut getränkt waren. Die Vorsehung, die den einen gestraft hat, ließ dem andern noch eine kleine Frist, die er jedoch, wie ich sehr befürchte, nicht nutzen wird; aber Gottes Wille geschehe! Ich weiß, daß es hier Leute gibt (und es sollte mich nicht wundern, wenn der Herr Subdelegat dazugehörte), die von diesen beiden Männern als den Mustern einer seltenen Freundschaft sprechen; aber was ist vor Gottes Augen die erhabenste Tugend ohne Frömmigkeit, ohne die schuldige Ehrfurcht vor der Kirche und ihren Dienern und ohne die Unterwerfung unter das Gesetz des Souveräns? Olivier ist ohne Sakramente vor seiner Haustür gestorben; als ich zu Felix gerufen wurde, bei den beiden Witwen, konnte ich nicht mehr aus ihm herausbringen als den Namen Olivier; keinen Beweis von Religion, kein Zeichen von Bußfertigkeit. Ich entsinne mich nicht, daß er ein einziges Mal im Beichtstuhl erschienen wäre. Oliviers Frau ist eine anmaßende Person, die mir bei mehr als einer Gelegenheit ungebührlich kam; unter dem Vorwand, sie könne lesen und schreiben, wähnt sie sich imstande, ihre Kinder selbst zu erziehen; und man sieht diese weder in den Schulen der Gemeinde noch in meinen Unterweisungen. Möge Madame danach urteilen, ob Leute dieses Schlages Ihrer Güte wohl wert sind! Das Evangelium empfiehlt uns allenthalben Mitleid mit den Armen; aber man erhöht das Verdienst seiner Mildtätigkeit durch die rechte Wahl unter den Elenden; und niemand kennt die wahren Bedürftigen besser als der Hirte sowohl der Armen als der Reichen.

Wenn Madame mir die Ehre Ihres Vertrauens erweisen wollten, so könnte ich die Zeichen Ihrer Wohltätigkeit vielleicht doch auf eine Weise verwenden, die für die Unglücklichen nützlicher und für Sie verdienstlicher wäre.

Ich verbleibe in Hochachtung … usw.«

Frau von … dankte Herrn Subdelegat Aubert für seine Gesinnung und schickte ihre Almosen mit folgenden Zeilen an Herrn Papin:

»Monsieur, ich bin Ihnen für Ihre weisen Ratschläge sehr verbunden. Ich gestehe Ihnen, daß die Geschichte dieser beiden Männer mich gerührt hatte; und Sie werden einräumen, daß das Beispiel einer so seltenen Freundschaft wohl angetan war, eine ehrbare und empfindsame Seele zu verführen: aber Sie haben mich aufgeklärt, und ich habe begriffen, daß es besser ist, den christlichen und unglücklichen Tugenden Hilfe zu leisten als nur natürlichen, heidnischen. Ich bitte Sie, die bescheidene Summe entgegenzunehmen, die ich Ihnen sende, und sie nach einer besser verstandenen Nächstenliebe zu verteilen, als mir eigen ist.

Ich habe die Ehre … usw.«

Man kann sich vorstellen, daß Oliviers Witwe und Felix von den Almosen der Frau von … keinen Anteil erhielten. Felix starb; und die arme Frau hätte mit ihren Kindern vor Not zugrunde gehn müssen, wäre sie nicht zu ihrem Ältesten in den Wald gezogen, wo sie trotz ihres hohen Alters arbeitet und sich mit ihren Kindern und Enkeln am Leben hält, so gut sie kann.

Und also gibt es drei Arten des Erzählens … Es gibt viel mehr, wollen Sie sagen … Schon recht; aber ich unterscheide als erste die Erzählung nach der Art Homers, Virgils, Tassos und nenne sie die wundersame Erzählung. Darin ist die Natur überhöht, die Wahrheit hypothetisch: und wenn der Erzähler das einmal gewählte Maß gut beibehält, wenn diesem Maß alles entspricht, die Handlungen wie die Reden, hat er den Grad von Vollkommenheit erreicht, der dem Genre seines Werkes innewohnt, und mehr können Sie nicht verlangen. Wenn Sie sich in seine Dichtung hineinbegeben, setzen Sie den Fuß in unbekanntes Land, wo nichts so geschieht wie dort, wo Sie leben, vielmehr wo alles sich im Großen vollzieht, so wie in Ihrem Lebenskreis im Kleinen. Weiter gibt es die unterhaltsame Erzählung nach Art von La Fontaine, Vergier, Ariost, Hamilton, wo der Erzähler weder die Nachahmung der Natur noch die Wahrheit, noch die Illusion erstrebt; er schwingt sich auf in imaginäre Räume. Diesem sagen Sie: Sei witzig, einfallsreich, vielgestaltig, originell, sogar verrückt, mir soll's recht sein; nur verführe mich durch deine Details; verhülle mir durch den Zauber der Form stets, daß dein Grund Unwahrscheinliches ist: und wenn der Erzähler tut, was Sie verlangen, hat er alles getan. Endlich gibt es die historische Erzählung, wie es die Novellen von Scarron, Cervantes, Marmontel sind …

»Hol der Teufel die historische Erzählung samt dem Erzähler! Er ist ein platter, frostiger Lügner …«

Ja, wenn er sein Handwerk nicht versteht. Dieser also nimmt sich vor, Sie zu täuschen; er sitzt an Ihrem häuslichen Feuer; sein Gegenstand ist die unerbittliche Wahrheit; er will, daß man ihm glaubt; er will Anteilnahme erwecken, will rühren, mitreißen, bewegen, die Haut soll sich einem kräuseln, Tränen sollen fließen; eine Wirkung, die nicht ohne Eloquenz und ohne Poesie zu erreichen ist. Aber Eloquenz ist eine Art Lüge, und nichts ist der Illusion mehr entgegengesetzt als Poesie; eine wie die andere übertreiben, überhöhen, vergrößern, wecken Mißtrauen: wie also fängt es dieser Erzähler an, Sie zu täuschen? So: Er durchsetzt seine Erzählung mit lauter kleinen, so eng an die Sache gebundenen Umständen, mit Zügen, die so schlicht, so natürlich und gleichwohl so schwer zu erfinden sind, daß Sie nicht umhinkönnen, sich zu sagen: Tatsächlich, das ist wahr: so was kann man nicht erfinden. Auf die Weise macht er die Übertreibung der Eloquenz und Poesie annehmbar; verbirgt er das kunstreich Gemachte hinter natürlicher Wahrheit und erfüllt zwei einander scheinbar widersprechende Bedingungen, zugleich historisch und poetisch zu sein, Wahrheit und Täuschung zu verbinden.

Ein Beispiel, das ich einer andern Kunst entleihe, mag deutlicher zeigen, was ich sagen will. Ein Maler malt einen Kopf auf seine Leinwand. Alle Formen sind stark, groß und regelmäßig; es ist das vollkommenste, erlesenste Ganze. Beim Betrachten empfinde ich Achtung, Bewunderung, Scheu. Ich suche das Vorbild in der Natur und finde es nicht; im Vergleich ist dort alles schwach, klein, armselig; es ist ein Idealkopf, so fühle ich und sage es mir. Aber soll doch der Künstler an der Stirn dieses Kopfes mich eine leichte Narbe, an der Schläfe eine Warze, an der Unterlippe einen unmerklichen Schnitt sehen lassen; und augenblicklich wird dieser Kopf vom Ideal zum Porträt; eine Blatternspur im Augenwinkel oder an der Nase, und dies Frauenantlitz ist nicht mehr das der Venus; es ist das Porträt einer meiner Nachbarinnen. Genauso sage ich zu unsern historischen Erzählern: Eure Gestalten sind schön, wenn ihr wollt, aber es fehlen ihnen die Warze an der Schläfe, der kleine Schnitt an der Lippe, die Blatternspur neben der Nase, um wahr zu sein; und wie mein Freund, der Schauspieler Caillot, sagte: »Ein bißchen Staub auf meine Schuhe, und ich komme nicht aus meiner Garderobe, ich komme vom Land zurück.«

> Atque ita mentitur, sic veris falsa remiscet,
> primo ne medium, medio ne discrepet imum.
> *Horaz, De Arte poetica, Vers 151–152*

Und jetzt, nach ein bißchen Poetik, ein bißchen Moral, das paßt so gut zusammen! Felix war ein armer Schlucker; Olivier war ein armer Schlucker: sagen Sie dasselbe vom Köhler, von der Köhlerin und den andern Personen der Erzählung, und schließen Sie daraus, daß es im allgemeinen echte, haltbare Freundschaften beinahe nur zwischen Menschen gibt, die nichts haben.

Dann nämlich ist ein Mensch der ganze Schatz seines Freundes und umgekehrt. Daher die Erfahrungswahrheit, daß Unglück alle Bande fester knüpft, und Stoff für einen kleinen Zusatz zur Erstausgabe des Buches »Vom Geist«.

Dies ist keine Erzählung

Wer eine Geschichte erzählt, hat einen, der zuhört; und so kurz die Geschichte auch sein mag, wird kaum ein Zuhörer den Erzähler nicht des öfteren unterbrechen. Darum habe ich in den Text, den Sie jetzt lesen werden – und der keine Erzählung ist, oder eine schlechte Erzählung, falls Sie's bezweifeln –, eine Person eingeführt, die ungefähr die Rolle des Lesers spielt; und ich beginne:

»Was schließen Sie nun daraus?«

»Daß ein so interessantes Thema uns unerhört aufregen müßte; daß es sämtliche Zirkel einen Monat lang beschäftigen, bis zum Geht-nicht-mehr gedreht und gewendet werden, tausend Diskussionen, wenigstens zwanzig Streitschriften und etlichen hundert Versstücken das Für und Wider liefern müßte; und daß dieses Werk – so klug, so kenntnisreich, so geistvoll der Autor sein mag –, da es nichts an solch stürmischer Gärung bewirkt hat, mittelmäßig ist, sogar sehr mittelmäßig.«

»Aber mir scheint, wir verdanken ihm doch einen ganz angenehmen Abend, und die Lesung hat dazu geführt...«

»Na, wozu! Zu einer Litanei abgedroschener Histörchen, die man aufeinander losließ und die nichts weiter besagten als die seit Ewigkeiten bekannte Tatsache, daß Mann und Frau sehr übeltätige Bestien sind.«

»Trotzdem hat die Epidemie Sie erfaßt, und Sie haben Ihr Scherflein dazu beigetragen wie jeder andre.«

»Weil man wohl oder übel den gegebenen Ton übernimmt; weil man sich beim Eintritt in eine Gesellschaft, gewohnheitsgemäß schon an der Zimmertür, bis hin zum Gesichtsausdruck auf diejenigen einstellt, die man sieht; man macht Scherze, wenn man traurig ist, man spielt den Traurigen, wenn man lieber scherzen würde; wovon immer die Rede sein mag, man will mitreden; und ob nun der Literat politisiert, der Politiker metaphysiziert, der Metaphysiker moralisiert, der Moralist über Finanzen redet, der Finanzier über Literatur oder Geometrie – jeder, anstatt zuzuhören oder zu schweigen, schwatzt über das, was er nicht weiß, und alle langweilen sich aus dummer Eitelkeit oder Höflichkeit.«

»Sie sind verärgert.«

»Wie gewöhnlich.«

»Da, glaube ich, hebe ich meine Geschichte wohl besser für einen günstigeren Moment auf.«

»Das heißt, wenn ich nicht dabei bin.«

»Das nicht.«

»Oder Sie fürchten, ich habe, weniger Nachsicht mit Ihnen als mit einem x-beliebigen in Gesellschaft.«

»Das nicht.«

»So haben Sie doch die Güte, mir zu sagen, weshalb.«

»Weil meine Geschichte nicht mehr beweist als die, die Ihnen über sind.«

»Nun erzählen Sie schon.«

»Nein, nein; Sie haben sie satt.«

»Wissen Sie, daß von allen Manieren, die mich rasend machen, Ihre mir die unerträglichste ist?«

»Und die wäre?«

»Sich um etwas bitten zu lassen, was Sie ums Verrecken gern täten. Also, mein Freund, ich bitte Sie, ich flehe Sie an, befriedigen Sie sich.«

»Mich befriedigen!«

»Fangen Sie an, um Gottes willen, fangen Sie an.«

»Ich versuche, kurz zu sein.«

»Das wäre kein Fehler.«

Ein wenig aus Bosheit hustete ich nun, spuckte, entfaltete umständlich mein Taschentuch, schneuzte mich, öffnete meine Tabakdose, nahm eine Prise Tabak; derweilen hörte ich meinen Mann durch die Zähne knurren: »Ist die Geschichte kurz, sind die Anstalten dazu desto länger …« Es juckte mich sehr, einen Bedienten zu rufen und ihm irgendeinen Auftrag zu geben; aber ich tat's nicht und begann:

»Es ist nicht zu leugnen, daß es sehr gute Männer gibt – und sehr schlimme Frauen.«

»Das erlebt man alle Tage, und manchmal, ohne vors Haus zu gehn. Weiter?«

»Weiter? Ich kannte eine schöne Elsässerin, so schön, daß die Greise zusammenliefen und die jungen Männer auf der Straße stehenblieben.«

»Die habe ich auch gekannt; es war Madame Reymer.«

»Stimmt. Ein frisch aus Nancy gelandeter junger Mann namens Tanié verliebte sich heillos in sie. Er war arm: eins jener verlorenen Kinder, die hartherzige Eltern mit großer Familie aus dem Hause treiben; die in die Welt hinausgehn, ohne zu wissen, was aus ihnen werden soll, allein weil ein Instinkt ihnen sagt, daß es ihnen schlimmer als vorher nicht ergehn kann. Tanié, in seiner Liebe zu Madame Reymer über sich selbst hinauswachsend, durch eine Leidenschaft, die seinen Lebensmut kräftigte und in seinen Augen all seine Handlungen veredelte, unterwarf sich ohne Abscheu den schwersten, niedersten Arbeiten, um die Not seiner Freundin zu lindern. Tagsüber arbeitete er in den Häfen; im Abenddämmer bettelte er auf den Straßen.«

»Was ja sehr schön von ihm war, aber nicht dauern konnte.«

»Und Tanié, der es müde ward, gegen die Armut anzukämpfen oder vielmehr eine bezaubernde Frau in Dürftigkeit zu halten, die von reichen Männern umlagert und von ihnen bedrängt wurde, diesen Bettler Tanié zu verjagen …«

»Was sie vierzehn Tage oder einen Monat später sowieso getan hätte …«

»… und ihre Reichtümer anzunehmen, beschloß, sie zu verlassen und sein Glück in der Ferne zu suchen. Er erbittet eine Überfahrt auf einem königlichen Schiff und erhält sie. Der Augenblick seiner Abreise ist da. Er geht zu Madame Reymer, um Abschied zu nehmen. ›Liebste Freundin‹, sagt er, ›ich darf Ihre Neigung nicht länger mißbrauchen. Ich bin entschlossen, ich gehe fort.‹ – ›Sie gehen fort!‹ – ›Ja …‹ – ›Aber wohin wollen Sie denn gehen?‹ – ›Nach den Inseln. Sie verdienen ein anderes Los, ich will Ihnen nicht länger im Wege sein…‹«

»Der gute Tanié! …«

»›Und was soll aus mir werden?‹ …«

»Die Heuchlerin! …«

»›Sie werden von Herren umlagert, die Ihnen nur zu gern gefallen möchten. Ich gebe Ihnen Ihre Versprechen, Ihre Schwüre zurück. Wählen Sie unter Ihren Bewerbern den angenehmsten aus; nehmen Sie ihn, ich selbst beschwöre Sie …‹ – ›Ach, Tanié! Sie selber schlagen mir vor …‹«

»Ich erlasse Ihnen Madame Reymers Pantomime. Die sehe ich vor mir, ich kenne sie …«

»›Nur eine Gunst erbitte ich, wenn ich nun fortgehe: gehen Sie keine Bindung ein, die uns auf ewig trennt. Schwören Sie mir das, schöne Freundin. An welchem Fleck der Erde ich leben werde, es müßte mir schon sehr elend gehen, wenn ein Jahr verginge, ohne daß ich Ihnen sichere Beweise meiner zärtlichen Neigung schicke. Weinen Sie nicht …‹«

»Heulen können sie alle, wann sie wollen.«

»›… Und zerstören Sie nicht einen Plan, den die Vorwürfe meines Herzens mir endlich eingegeben haben und worin sie mich sehr bald wieder bestärken würden.‹ Damit ging Tanié nach Santo Domingo.«

»Und ging genau zur rechten Zeit für Madame Reymer und für ihn.«

»Was wissen denn Sie davon?«

»Ich weiß, so gut man etwas wissen kann, daß die Wahl, zu der Tanié ihr riet, bereits getroffen war.«

»So!«

»Erzählen Sie weiter.«

»Tanié hatte Verstand und großes Geschick in Geschäftsdingen. Bald war er bekannt. Er kam in den Obersten Rat der Stadt Gap. Er zeichnete sich durch Klugheit und Rechtlichkeit aus. Er erstrebte kein großes Vermögen, es sollte nur ehrlich und schnell zustande kommen. Jedes Jahr schickte er einen Teil davon an Madame Reymer. Er kehrte zurück nach … nach neun oder zehn Jahren; nein, länger war er, glaube ich, nicht fort … und legte seiner Freundin ein kleines Portefeuille vor, das die Frucht seiner guten Gaben und seiner Arbeit umschloß …, und zum Glück für Tanié geschah dies zu einer Zeit, als sie sich eben von Taniés letztem Nachfolger getrennt hatte.«

»Dem letzten?«

»Ja.«

»Das heißt, es hatte mehrere gegeben?«

»Sicher.«

»Weiter, weiter.«

»Anscheinend kann ich Ihnen nichts erzählen, was Sie nicht besser wissen als ich?«

»Tut nichts, erzählen Sie ruhig.«

»Madame Reymer und Tanié bewohnten eine ziemlich schöne Wohnung, Rue Sainte-Marguerite, ganz in meiner Nachbarschaft. Ich schätzte Tanié sehr und verkehrte in seinem Haus, das zwar nicht üppig, aber doch recht wohlhabend war.«

»Ich kann Ihnen versichern, ohne mit der Reymer nachgerechnet zu haben, daß sie gute fünfzehntausend Livres Rente hatte, schon bevor Tanié wiederkam.«

»Dem sie ihren Reichtum verheimlichte?«

»Ja.«

»Warum?«

»Weil sie geizig und habgierig war.«

»Habgierig, klar; aber geizig? Eine Kurtisane geizig! … Fünf, sechs Jahre jedenfalls lebte das Paar in bestem Einvernehmen.«

»Dank der unerhörten Schläue der einen und dem grenzenlosen Vertrauen des andern.«

»Oh, wahrhaftig, eine so reine Seele wie die Taniés konnte nicht mal der Schatten eines Verdachts trüben. Das einzige, was mir gelegentlich auffiel, war, daß Madame Reymer ihre frühere Armut bald vergessen hatte; daß das Verlangen nach Prunk und Reichtum sie plagte; daß es sie demütigte, als so schöne Frau zu Fuß zu gehen.«

»Warum nahm sie nicht eine Kutsche?«

»Und daß der Glanz des Lasters sie blind machte für dessen Niedrigkeit. Sie lachen? … Damals beschloß Herr von Maurepas, im Norden eine Handelsniederlassung zu gründen. Der Erfolg eines solchen Unternehmens erheischte einen tatkräftigen, intelligenten Mann. Sein Auge fiel auf Tanié, den er schon während seines Aufenthalts in Gap mit mehreren bedeutenden Geschäften betraut hatte, die von jenem stets zur Zufriedenheit des Ministers ausgeführt worden waren. Tanié war verzweifelt über diese Auszeichnung. Er lebte so froh, so glücklich an der Seite seiner schönen Freundin! Er liebte; er wurde oder glaubte sich geliebt.«

»Gut gesagt.«

»Was konnte Gold seinem Glück hinzufügen? Nichts. Aber der Minister beharrte. Er mußte sich entscheiden, sich Madame Reymer eröffnen. Ich kam gerade zum Ende dieser leidigen Szene. Der arme Tanié stand in

Tränen. ›Was haben Sie denn, mein Freund?‹ fragte ich ihn. ›Ach, diese Frau!‹ sagte er schluchzend. Madame Reymer arbeitete seelenruhig an einer Tapisserie. Tanié erhob sich brüsk und ging hinaus. Ich blieb allein mit seiner Freundin, die mich nicht im unklaren darüber ließ, was sie von Taniés Unvernunft hielt. Sie stellte mir ihre Verhältnisse bescheidener dar, als sie waren; sie führte ihr Plädoyer mit der ganzen Kunst, mit der ein geschickter Kopf die Sophismen des Ehrgeizes zu beschönigen versteht. ›Worum geht es denn? Um zwei, höchstens drei Jahre Trennung.‹ – ›Das ist lange Zeit für einen Mann, den Sie lieben und der Sie so sehr liebt wie er.‹ – ›Er, mich lieben? Wenn er mich liebte, könnte er dann zögern, zu tun, was ich gutheiße?‹ – ›Warum gehen Sie dann nicht mit, Madame?‹ – ›Ich! dahin gehe ich nicht; und so überspannt er ist, das hat er mir denn doch nicht vorgeschlagen. Zweifelt er an mir?‹ – ›Das glaube ich nicht.‹ – ›Zwölf Jahre lang habe ich auf ihn gewartet, also wird er wohl zwei, drei Jahre sich auf mein Wort verlassen können. Bedenken Sie, Monsieur, das ist eine jener seltenen Gelegenheiten, die sich im Leben nur einmal bieten; ich will nicht, daß er eines Tages bereut oder mir womöglich vorwirft, sie meinetwegen verpaßt zu haben.‹ – ›Tanié wird nie etwas bereuen, solange er nur das Glück hat, Ihnen zu gefallen.‹ – ›Das ist sehr ehrenhaft; aber glauben Sie mir, er wird mal sehr froh sein, Reichtum zu besitzen, wenn ich alt bin. Der Fehler der meisten Frauen ist, daß sie nicht an die Zukunft denken; meiner ist es nicht …‹ Der Minister war in Paris. Von der Rue Sainte-Marguerite zu seinem Hotel war's nur ein Schritt. Tanié war hingegangen und hatte sich verpflichtet. Trocknen Auges, aber mit tief betrübter Seele kam er zurück. ›Madame‹, sagte er, ›ich habe Herrn von Maurepas gesprochen; er hat mein Wort. Ich gehe, ich gehe; Sie dürfen zufrieden sein.‹ – ›Ach, mein Freund! …‹ Madame Reymer wirft ihre Arbeit hin, stürzt zu Tanié, umhalst ihn, überhäuft ihn mit Liebkosungen und zärtlichen Worten. ›Oh, nun sehe ich doch, daß ich Ihnen teuer bin.‹ Tanié antwortete kalt: ›Sie wollen reich werden …‹«

»Dabei war sie's, die Schurkin, und zehnmal mehr, als sie verdiente …«

»›… und Sie sollen es sein. Da es das Gold ist, das Sie lieben, muß man Ihnen Gold beschaffe.‹ Das war Dienstag; der Minister hatte seine Abreise auf Freitag angesetzt, ohne Aufschub. Ich kam, von ihm Abschied zu nehmen, als er noch mit sich im Kampf lag, als er aus den Armen der schönen, unwürdigen und grausamen Reymer sich zu lösen versuchte. Welch innere Zerrissenheit, welche Verzweiflung, welch ein Todeskampf – so etwas habe ich kein zweites Mal erlebt. Das war keine Klage; es war ein einziger langer Schrei. Madame Reymer lag noch im Bett. Er hielt ihre Hand. Er redete unaufhörlich und sagte immer wieder: Grausame Frau! Grausame Frau! was brauchst du mehr als den Wohlstand, den du hast, und einen Freund, einen Geliebten wie mich? Ich war in den glühenden Zonen Amerikas, Reichtum für sie zu suchen; jetzt soll ich ihn auch noch aus dem eisigen Norden holen. Mein Freund, ich fühle, daß diese Frau wahnwitzig ist; ich weiß, daß ich ein Narr bin; aber es ist mir weniger schrecklich, zu sterben als sie zu betrüben. Du willst, daß ich von dir gehe, und ich werde gehen.‹ Er lag vor ihrem Bett auf den Knien, sein Mund hing an ihrer Hand, das Gesicht hatte er in den Decken vergraben, die sein Murmeln erstickten und es dadurch noch trauriger und erschütternder machten. Die Zimmertür ging auf; er hob jäh den Kopf; er erblickte den Postillon, der ihm meldete, daß die Pferde angespannt seien. Er stieß einen Schrei aus und barg das Gesicht noch einmal in den Decken. Nach kurzem Schweigen erhob er sich: ›Umarmen Sie mich, Madame‹, sagte er zu seiner Freundin, ›küß mich noch einmal, denn du siehst mich nicht wieder.‹ Seine Ahnung trog ihn nicht. Er reiste ab. Er kam nach Petersburg, und drei Tage später wurde er von einem Fieber erfaßt, woran er am vierten starb.«

»Das wußte ich alles.«

»Dann waren Sie einer von Taniés Nachfolgern?«

»Sie sagen es; und seit der Zeit mit dem schönen Ungeheuer sind meine Verhältnisse zerrüttet.«

»Armer Tanié!«

»Es gibt Leute auf der Welt, die Ihnen sagen würden, daß er ein Dummkopf war.«

»Dann werde ich ihn nicht verteidigen, jenen Leuten aber von ganzem Herzen wünschen, ihr böses Schicksal möge sie an eine so schöne und so falsche Frau bringen wie Madame Reymer.«

»Sie üben grausame Rache.«

»Und nun, wie es schlimme Frauen und allzu gute Männer gibt, so gibt es auch allzu gute Frauen und sehr böse Männer; und was ich jetzt anfüge, ist ebensowenig eine Erzählung wie das vorige.«

»Davon bin ich überzeugt.«

»Monsieur d'Hérouville …«

»Der, der noch lebt? Der Generalleutnant der königlichen Armee? Der dieses reizende Geschöpf, die Lolotte, geheiratet hat?«

»Derselbe.«

»Ein vornehmer Mann, ein Freund der Wissenschaften.«

»Und der Wissenschaftler. Er hat sich lange Zeit mit einer allgemeinen Kriegsgeschichte aller Zeiten und aller Völker befaßt.«

»Ein riesiges Unternehmen.«

»Um es zu bewältigen, hatte er einige junge Leute von hervorragendem Verdienst um sich geschart, wie zum Beispiel Monsieur de Montucla, Autor der ›Geschichte der Mathematik‹.«

»Alle Wetter! hatte er noch mehr solcher Koryphäen?«

»Nun, Gardeil, der Held der Begebenheit, die ich erzählen will, stand ihm auf seinem Gebiet kaum nach. Der gemeinsame glühende Eifer, die griechische Sprache zu studieren, führte Gardeil und mich zusammen, eine Verbindung, die mit der Zeit, durch gegenseitige Beratungen, durch den Hang zum zurückgezogenen Leben und vor allem dank der Möglichkeit, einander leicht zu besuchen, in eine ziemlich große Vertrautheit mündete.«

»Sie wohnten damals in der Estrapade.«

»Er Rue Sainte-Hyacinthe, und seine Freundin, Mademoiselle de La Chaux, Place Saint-Michel. Ich nenne sie bei ihrem richtigen Namen, denn die arme, unglückliche Frau lebt nicht mehr; und ihr Leben kann ihr bei allen aufrecht Gesinnten nur Ehre machen und ihr nur Bewunderung, Trauer und Tränen bei denen eintragen, die die Natur mit einem kleinen Teil ihrer Empfindsamkeit begünstigt oder gestraft hat.«

»Ihre Stimme stockt ja, mir scheint gar, Sie weinen.«

»Mir ist, als sähe ich noch immer ihre großen schwarzen Augen mit ihrem süßen Glanz und als klänge ihre rührende Stimme mir im Ohr und bewegte mein Herz. Liebliches Geschöpf! einzigartiges Geschöpf! du bist nicht mehr! Seit fast zwanzig Jahren bist du nicht mehr, und noch immer schnürt sich mir das Herz zusammen bei deiner Erinnerung.«

»Sie haben sie geliebt?«

»Nein. Oh, La Chaux! oh, Gardeil! Beide wart ihr ein Wunder: sie an weiblicher Hingabe, er an männlichem Undank. Mademoiselle de La Chaux kam aus einer ehrbaren Lamilie. Sie verließ das Elternhaus, um sich Gardeil in die Arme zu werfen. Gardeil hatte nichts, die La Chaux besaß einiges Vermögen; und dieses Vermögen wurde bis aufs letzte Gardeils Bedürfnissen und Launen geopfert. Sie trauerte weder ihrem vertanen Geld noch ihrer entschwundenen Ehre nach. Ihr Geliebter war ihr alles.«

»Dieser Gardeil muß ja sehr verführerisch, sehr liebenswert gewesen sein?«

»Durchaus nicht. Er war klein, mürrisch, verschlossen, von bissigem Spott; das Gesicht hager, der Teint dunkel; insgesamt eine dürre, kränkliche Gestalt; häßlich, wenn ein Mann mit geistvoller Physiognomie häßlich sein kann.«

»Und das hat einem reizenden Mädchen den Kopf verdreht?«

»Verwundert Sie das?«

»Immer.«

»Sie?«

»Mich.«

»Haben Sie Ihr Abenteuer mit der Deschamps vergessen und Ihre tiefe Verzweiflung, als sie Ihnen die Tür verschloß?«

»Lassen wir das; fahren Sie fort.«

»Ich fragte Sie damals: ›Ist sie denn so schön?‹ Und Sie antworteten traurig: ›Nein.‹ – ›Also ist sie besonders geistreich?‹ – ›Sie ist abgrunddumm.‹ – ›Dann sind Sie von ihren Talenten so hingerissen?‹ – ›Sie hat nur eins.‹ – ›Und was ist das für ein seltenes, hohes, wunderbares Talent?‹ – ›Daß sie mich in ihren Armen glücklicher macht, als ich es je bei einer Frau war.‹ Und Mademoiselle de La Chaux, die ehrbare, empfindsame La Chaux erhoffte sich insgeheim, aus Instinkt, unbewußt eben dieses Glück, das Sie kennengelernt hatten und weshalb Sie von der Deschamps sagten: ›Wenn diese Unselige, wenn diese Niederträchtige mich wieder verjagt, nehme ich eine Pistole und sprenge mir in ihrem Vorzimmer das Hirn.‹ Haben Sie das gesagt oder nicht?«

»Ich habe es gesagt; und noch jetzt weiß ich nicht, warum ich's nicht getan habe.«

»Also geben Sie zu …«

»Ich gebe alles zu, was Sie wollen.«

»Mein Freund, noch der Weiseste von uns könnte von großem Glück sagen, wenn er der schönen oder häßlichen, geistvollen oder dummen Frau nicht begegnet ist, die ihn reif fürs Irrenhaus gemacht hätte. Beklagen wir die Menschen, tadeln wir sie behutsam; betrachten wir unsere gelebten Jahre als Augenblicke, die wir der Bosheit entronnen sind, die uns verfolgt; und denken wir nie anders als mit Zittern daran, welche Gewalt gewisse Reize der Natur über uns haben, besonders über feurige Seelen und glühende Phantasien. Der Funke, der unvermutet in ein Pulverfaß fällt, hat keine schrecklichere Wirkung. Der Finger, der diesen verhängnisvollen Funken auf Sie oder mich niederschnippen kann, ist vielleicht schon erhoben.

In der Besessenheit, sein Werk zu beschleunigen, forderte Monsieur d'Hérouville seine Mitarbeiter bis zur Erschöpfung. Gardeils Gesundheit litt. Um ihm die Arbeit zu erleichtern, lernte die La Chaux Hebräisch; und während ihr Freund schlief, arbeitete sie in den Nachtstunden, übersetzte und schrieb Stellen hebräischer Autoren ab. Als es galt, die griechischen Autoren auszuschlachten, vervollkommnete die La Chaux eilends ihre Grundkenntnisse in dieser Sprache, und während Gardeil schlief, saß sie und übersetzte und schrieb Passagen aus Xenophon und Thukydides. Zum Griechischen und Hebräischen lernte sie Italienisch und Englisch. Englisch beherrschte sie so weit, daß sie die ersten philosophischen Essays von Hume ins Französische übertragen konnte, ein Werk, wo die Schwierigkeiten der Sprache durch die Schwierigkeit der Materie unendlich gesteigert werden. Wenn diese Studien ihre Kräfte erschöpft hatten, stach sie Noten. Wenn sie fürchtete, ihr Geliebter könne an Überdruß leiden, sang sie ihm vor. Ich übertreibe nichts, ich berufe mich auf Monsieur

Le Camus, Doktor der Medizin, der sie in ihrem Leid getröstet und ihr in der Not beigestanden hat; der ihr der beständigste Freund war; ihr bis in eine Dachkammer gefolgt ist, wohin die Armut sie getrieben hatte, und ihr die Augen zudrückte, als sie starb.

Aber ich vergaß eine ihrer ersten furchtbaren Erfahrungen: die Verfolgung, die sie von ihrer Familie auszustehen hatte, die über ihr öffentliches, skandalöses Verhältnis empört war. Man benutzte Wahrheit wie Lüge, um ihre Freiheit auf das schimpflichste einzuschränken. Ihre Familie und die Pfaffen verfolgten sie von einem Viertel zum andern, von einer Wohnung zur andern, so daß sie mehrere Jahre lang allein, in einem Versteck leben mußte. Am Tag arbeitete sie für Gardeil. Wir erschienen nur nachts bei ihr; aber sobald ihr Geliebter bei ihr war, entschwanden all ihr Kummer und all ihre Ängste.«

»Sie meinen, so jung, verzagt und empfindsam, konnte sie unter solchen Belastungen glücklich sein?«

»Ja, glücklich! Sie war es erst dann nicht mehr, als Gardeil undankbar wurde.«

»Unvorstellbar, daß der Lohn für so viele seltene Begabungen, so viele Liebesbeweise, so viele Opfer jeglicher Art Undank gewesen sein sollte.«

»Sie irren, Gardeil war undankbar. Eines Tages stand Mademoiselle de La Chaux allein in der Welt, ohne Ehre, ohne Geld, ohne Stütze; das heißt, einige Zeit hielt ich zu ihr; Doktor Le Camus blieb ihr immer.«

»Oh, die Männer, die Männer!«

»Wen meinen Sie?«

»Gardeil.«

»Sie sehen nur das Schlechte an ihm und sehen nicht daneben den Ehrenmann. An jenem Tag des Schmerzes und der Verzweiflung kam sie zu mir. Es war morgens. Sie war totenblaß. Sie wußte ihr Schicksal erst seit dem Vorabend und war doch ein Bild langen Leidens. Sie weinte nicht; aber man sah, daß sie viel geweint hatte. Sie sank in einen Sessel; sie sprach nicht; sie konnte nicht sprechen; sie hob die Arme nach mir und brach in Schreie aus. ›Was ist?‹ fragte ich, ›ist er gestorben? ...‹ – ›Nein, schlimmer: er liebt mich nicht mehr; er verläßt mich ...‹«

»Beruhigen Sie sich.«

»Ich kann nicht; ich sehe sie vor mir, ich höre sie, und meine Augen füllen sich mit Tränen. ›Er liebt Sie nicht mehr? ...‹ – ›Nein!‹ – ›Er verläßt Siek? – ›Ja! Nach allem, was ich getan habe! ... Monsieur, in meinem Kopf geht alles durcheinander; haben Sie Mitleid mit mir; lassen Sie mich nicht allein ... bitte, lassen Sie mich bloß nicht allein ...‹ Als sie das sagte, umfaßte sie meinen Arm und drückte ihn so heftig an sich, als stünde jemand neben ihr, der sie fortzureißen drohte ... ›Fürchten Sie nichts, Mademoiselle.‹ – ›Ich fürchte nur mich selbst.‹ – ›Was soll ich für Sie tun?‹ – ›Vor allem, mich vor mir selber schützen ... Er liebt mich nicht mehr! ich ermüde ihn! ich gehe ihm auf die Nerven! ich langweile ihn! er haßt mich! er verläßt mich! er verstößt mich! er verstößt mich!‹ Auf diese wiederholten Worte folgte tiefes Schweigen; und auf dies Schweigen ein krampfartiges Gelächter, tausendmal schrecklicher als die Laute der Verzweiflung oder Todesröcheln. Dann kamen Klagen, Schreie, unartikulierte Worte, Blicke zum Himmel, zitternde Lippen, eine Sturmflut von Schmerzensäußerungen, denen man ihren Lauf lassen mußte; was ich auch tat: ich wandte mich an ihre Vernunft erst, als ich sah, daß ihre Seele gebrochen und stumpf war. Da begann ich von neuem: ›Er haßt Sie, er verläßt Sie! Wer hat Ihnen das gesagt?‹ – ›Er.‹ – ›Aber Mademoiselle, nur Hoffnung, nur Mut. Er ist doch kein Ungeheuer …‹ – ›Sie kennen ihn nicht; aber Sie werden ihn kennenlernen. Er ist ein solches Ungeheuer, wie es überhaupt kein zweites gibt, nie gegeben hat.‹ – ›Das kann ich nicht glauben.‹ – ›Sie werden's sehen.‹ – ›Liebt er jemand anders?‹ – ›Nein.‹ – ›Haben Sie ihm Anlaß zu einem Verdacht oder zur Unzufriedenheit gegeben?‹ – ›Keinen, keinen.‹ – ›Was ist es dann?‹ – ›Meine Nutzlosigkeit. Ich habe nichts mehr. Ich tauge zu nichts mehr. Sein Ehrgeiz; ehrgeizig war er ja immer. Daß ich nicht mehr gesund, nicht mehr schön bin: ich habe zu viel gelitten, zu viel gearbeitet; Überdruß, Widerwillen.‹ – ›Man hört auf, sich zu lieben, aber man bleibt doch Freundn.‹ – ›Ich bin ihm unerträglich geworden; meine Gegenwart belastet ihn, mein Anblick bedrückt und verletzt ihn. Wenn Sie wüßten, was er zu mir gesagt hat! Ja, er hat gesagt, wenn er verdammt wäre, vierundzwanzig Stunden mit mir zusammen zu sein, würde er aus dem Fenster springenn – ›Aber diese Abneigung ist doch nicht das Werk eines Augenblicks.‹ – ›Was weiß ich? Er ist ja von Natur so abweisend! so gleichgültig! so kalt! Solche Seelen zu durchschauen ist schwer! und man scheut sich so sehr, sein Todesurteil zu lesen! Er hat es ausgesprochen, und mit welcher Härte!‹ – ›Ich begreife das alles nicht.‹ – ›Ich möchte Sie um etwas bitten, deshalb bin ich gekommen: schlagen Sie mir's nicht ab?‹ – ›Sagen Sie's, was immer es sei.‹ – ›Hören Sie. Er schätzt Sie; Sie wissen, was er mir verdankt. Vielleicht schämt er sich, sich Ihnen so zu zeigen, wie er ist. Nein, ich glaube nicht, daß er die Stirn und den Mut dazu hat. Ich bin nur eine Frau, aber Sie sind ein Mann. Ein zartfühlender, ehrenhafter, gerechter Mann fordert Achtung. Vor Ihnen wird er Achtung haben. Geben Sie mir den Arm, und lehnen Sie's nicht ab, mich zu ihm zu begleiten. Ich will in Ihrem Beisein mit ihm sprechen. Wer weiß, was mein Schmerz und Ihre Gegenwart über ihn vermögen? Begleiten Sie mich?‹ – ›Sehr gern.‹ – ›Gehen wir …‹«

»Ich fürchte, ihr Schmerz und ihre Gegenwart werden rein gar nichts vermögen. Widerwillen! Widerwillen in der Liebe, das ist etwas Furchtbares, und gar gegen eine Frau! …«

»Ich bestellte eine Sänfte; denn sie war kaum imstande, zu gehen. Wir kommen vor Gardeils Haus, das große neue Haus, das einzige rechts in der Rue Hyacinthe, wenn man von der Place Saint-Michel kommt. Die Träger halten; sie öffnen. Ich warte. Sie kommt nicht heraus. Ich trete heran und sehe, die Frau zittert am ganzen Leibe; ihre Zähne klapperten wie im Fieber; ihre Knie schlugen gegeneinander. ›Einen Augenblick, Monsieur; bitte, verzeihen Sie; ich kann nicht … Was will ich da? Ich habe Sie umsonst in Ihrer Arbeit gestört; es tut mir leid; bitte, verzeihen Sie mir …‹ Indes reichte ich ihr den Arm. Sie nahm ihn, versuchte sich zu erheben, sie konnte es nicht. ›Noch einen Augenblick, Monsieur‹, sagte sie, ›ich mache Ihnen Umstände; mein Zustand quält Sie ...‹ Endlich faßte sie sich ein wenig; und als sie die Sänfte verließ, setzte sie ganz leise hinzu: ›Ich muß hingehen, ich muß ihn sprechen. Wer weiß? vielleicht sterbe ich dort ...‹ Der Hof ist überquert; wir stehen vor der Wohnungstür; wir stehen in Gardeils Zimmer. Er saß an seinem Arbeitstisch, in Schlafrock und Nachtmütze. Er begrüßte mich mit einer Handbewegung und fuhr in der begonnenen Arbeit fort. Dann trat er auf mich zu und sagte: ›Nicht wahr, Monsieur, Frauen sind etwas sehr Lästiges. Ich muß Sie für Mademoiselles Überspanntheit tausendmal um Entschuldigung bitten.‹ Dann, gegen das arme Kind gewandt, das mehr tot als lebendig war: ›Mademoiselle, was wünschen Sie noch von mir? Mir scheint, nach der klaren, präzisen Erklärung, die ich Ihnen gab, dürfte zwischen uns alles aus sein. Ich habe Ihnen gesagt, daß ich Sie nicht mehr liebe; ich habe es Ihnen allein gesagt; Ihre Absicht ist offenbar, daß ich es vor Monsieur wiederhole: alsdann, Mademoiselle, ich liebe Sie nicht mehr. Liebe gibt es in meinem Herzen nicht mehr für Sie; und falls Sie das tröstet, setze ich hinzu, auch für keine andere Frau mehr.‹ – ›Aber erklären Sie mir doch, warum Sie mich nicht mehr lieben!‹ – ›Das weiß ich nicht; ich weiß nur so viel, daß ich anfing zu lieben, ohne zu wissen, warum; daß ich aufgehört habe, ohne zu wissen, warum; und ich spüre, daß diese Leidenschaft unmöglich wiederkehren kann. Es war ein Ausschlag, den ich hinter mir habe, von dem ich glaube geheilt zu sein, und ich beglückwünsche mich dazu.‹ – ›Was habe ich falsch gemacht?‹ – ›Nichts.‹ – ›Haben Sie einen geheimen Einwand gegen mein Betragen?‹ – ›Nicht den mindesten; Sie waren die beständigste, ehrenhafteste, zärtlichste Frau, die ein Mann sich wünschen kann.‹ – ›Habe ich etwas zu tun versäumt, was in meiner Macht lag?‹ – ›Nichts.‹ – ›Habe ich Ihnen nicht meine Familie aufgeopfert?‹ – ›So ist es.‹ – ›Mein Vermögen? – ›Ich bin untröstlich.‹ – ›Meine Gesundheit?‹ – ›Mag sein.‹ – ›Meine Ehre, meinen Ruf, meine Ruhe?‹ – ›Was immer Ihnen beliebt.‹ – ›Und ich bin dir verhaßt!‹ – ›Es ist hart, es auszusprechen, hart, es zu hören, aber da es so ist, muß man es sagen.‹ – ›Ich bin ihm verhaßt! … Ich spüre es und achte mich darum nicht höher! … Verhaßt! Oh, Götter! …‹ Bei diesen Worten überzog tödliche Blässe ihr Gesicht; ihre Lippen entfärbten sich; kalter Schweiß trat auf ihre Wangen und mischte sich unter die Tränen, die ihren Augen entquollen; sie waren geschlossen; ihr Kopf sank auf die Rücklehne des Sessels; ihre Zähne knirschten; sie zitterte an allen Gliedern; auf das Zittern folgte eine Ohnmacht, die mir die Erfüllung der Hoffnung schien, die sie an der Tür des Hauses gefaßt hatte. Die Dauer dieses Zustandes ängstigte mich mehr und mehr. Ich nahm ihr die Mantille ab; ich löste die Schnüre ihres Kleides; ich lockerte ihre Röcke und sprengte ihr frisches Wasser ins Gesicht. Ihre Augen öffneten sich halb; ein dumpfes Murmeln entrang sich ihrer Kehle; statt der Worte: ›Ich bin ihm verhaßt‹ artikulierte sie nur die letzten Silben, dann stieß sie einen grellen Schrei aus. Ihre Lider senkten sich, und die Ohnmacht dauerte fort. Gardeil saß ungerührt in seinem Lehnstuhl, den Ellbogen auf dem Tisch, den Kopf auf die Hand gestützt, betrachtete sie kalt und überließ mir allein die Sorge um sie. Mehrmals sagte ich: ›Monsieur, sie stirbt … man sollte jemand rufen.‹ Er antwortete lächelnd und achselzuckend: ›Frauen haben ein zähes Leben; an dem bißchen stirbt eine nicht; das hat nichts zu sagen; das geht vorüber. Sie kennen sie nicht; sie machen mit ihrem Körper, was sie wollen …‹ – ›Sie stirbt, sage ich Ihnen.‹ Tatsächlich war ihr Körper kraftlos, wie ohne Leben: er glitt von dem Sessel, und sie wäre nach rechts oder links zu Boden gefallen, hätte ich sie nicht gehalten. Unterdes war Gardeil aufgesprungen; und während er in seinem Zimmer auf und ab wanderte, sagte er voll Ungeduld und Unmut: ›Ich hätte auf diese geschmacklose Szene gern verzichtet; aber ich hoffe, es ist die letzte. Was, Teufel, will diese Kreatur? Ich habe sie geliebt; und wenn ich mir den Kopf an der Wand einrenne, das ist gewesen. Ich liebe sie nicht mehr; jetzt hat sie es begriffen, oder sie begreift es nie. Schluß, aus …‹ – ›Nein, Monsieur, nicht Schluß, aus. Wie, Sie glauben, ein Ehrenmann dürfe einer Frau alles, was sie hat, nehmen und sie dann verlassen?‹ – ›Was soll ich tun? Ich bin genauso arm wie sie.‹ – ›Was Sie tun sollen? Teilen Sie Ihre Armut mit der, in die Sie sie gebracht haben.‹ – ›Das sagen Sie so. Sie stünde dabei nicht besser und ich bedeutend schlechter.‹ – ›Würden Sie gegen einen Freund so handeln, der Ihnen alles geopfert hätte?‹ – ›Einen Freund! Einen Freund! Ich setze kein großes Vertrauen in Freunde; und diese Erfahrung hat mich gelehrt, in Gefühle überhaupt keins zu setzen. Es tut mir leid, daß ich das nicht früher gewußt habe.‹ – ›Und Sie finden es gerecht, daß diese Unglückliche das Opfer Ihres Irrtums ist.‹ – ›Und wer sagt Ihnen, daß einen Monat, einen Tag später ich nicht genauso grausam das Opfer ihres Irrtums geworden wäre?‹ – ›Wer mir das sagt? Alles, was sie für Sie getan hat, und der Zustand, in dem Sie sie sehen.‹ – ›Was sie für mich getan hat! … Oh! bei Gott, das ist wohl abgegolten durch meine vergeudete Zeit.‹ – ›Ach, Herr Gardeil, welch ein Vergleich zwischen Ihrer Zeit und all dem Unbezahlbaren, was Sie ihr genommen haben!‹ – ›Ich habe nichts, ich bin nichts, ich bin dreißig Jahre alt; es ist Zeit, jetzt oder nie, daß man an sich denkt und all diese Nichtigkeiten als das bewertet, was sie sind …‹ Unterdes war das arme Kind ein wenig zu sich gekommen. Bei seinen letzten Worten begann sie mit ziemlicher Lebhaftigkeit: ›Was hat er von seiner vergeudeten Zeit gesagt? Ich habe vier Sprachen gelernt, um ihm die Arbeit zu erleichtern; ich habe tausend Bände gelesen; ich habe geschrieben, übersetzt, abgeschrieben, tage- und nächtelang; ich habe meine Kräfte erschöpft, meine Augen abgenutzt, mein Blut verbrannt; ich habe mir eine böse Krankheit zugezogen, von der ich vielleicht nie wieder genese. Den Grund für seinen Überdruß, den wagt er nicht zu gestehen; aber Sie sollen ihn kennen. Augenblicks reißt sie ihr Brusttuch ab; sie zieht den einen Arm aus dem Kleid; sie entblößt ihre Schulter; und indem sie mir einen rotangelaufenen, entzündeten Fleck zeigt, sagt sie: ›Das ist der Grund für seine Veränderung, das ist er; das ist das Ergebnis meiner durchwachten Nächte. Morgens kam er mit seinen Pergamentrollen: Monsieur d'Hérouville, sagte er zu mir, muß schnellstens wissen, was da drin steht; die Sache müßte bis morgen fertig sein; und sie war es …‹ In dem Augenblick hörten wir, wie sich jemand der Tür näherte; es war ein Bedienter, der Monsieur d'Hérouville meldete. Gardeil erbleichte. Ich ersuchte Mademoiselle de La Chaux, ihren Anzug zu richten und sich zurückzuziehen … ›Nein‹, sagte sie, nein; ich bleibe. Ich will den Schurken entlarven. Ich erwarte Herrn d'Hérouville, ich will mit ihm sprechen!‹ – ›Und was soll das nützen?‹ – ›Nichts‹, antwortete sie, ›Sie haben ja recht.‹ – ›Morgen wären Sie darüber untröstlich. Lassen Sie ihm all sein Unrecht; das ist die Rache, die Ihrer würdig ist.‹ – ›Aber ist sie seiner würdig? Sehen Sie denn nicht, daß dieser Mann nur … Gehen wir, Monsieur, gehen wir schnell; ich kann mich nicht verbürgen für das, was ich tun oder sagen würde …‹ Mademoiselle de La Chaux ordnete im Handumdrehen ihren Anzug und schoß wie ein Pfeil aus Gardeils Arbeitszimmer. Ich folgte ihr und hörte, wie die Tür heftig hinter uns geschlossen wurde. Seitdem, so erfuhr ich, hatte der Portier Verbot, sie einzulassen.

Ich begleitete sie nach Hause, wo Doktor Le Camus uns erwartete. Die Leidenschaft, die er für das junge Mädchen gefaßt hatte, war kaum verschieden von der ihren für Gardeil. Ich berichtete ihm über unsern Besuch; und durch all die Bekundungen seines Zorns, seiner Betrübnis, seiner Empörung …«

»War seinem Gesicht unschwer abzulesen, daß ihr geringer Erfolg ihm nicht allzu sehr mißhagte.«

»So ist es.«

»Das ist der Mensch. Besser ist er eben nicht.«

»Auf diesen Bruch folgte eine schwere Krankheit, und all die Zeit pflegte sie der gute, ehrenhafte, liebende und zartsinnige Doktor mit einer Hingabe, wie er sie der ersten Dame Frankreichs nicht erwiesen hätte. Er kam dreimal, viermal täglich. Solange Lebensgefahr bestand, schlief er in ihrer Kammer auf einem Gurtbett. In großem Unglück ist eine Krankheit ein Segen.«

»Weil sie uns zu uns selber bringt und so die Erinnerung an andere auslöscht. Zudem ist sie ein Vorwand, uns ohne Aufdringlichkeit und ohne Zwang unsrer Trauer hinzugeben.«

»Diese Beobachtung, so richtig sie im übrigen ist, traf auf Mademoiselle de La Chaux nicht zu.

Während ihrer Genesung entwarfen wir gemeinsam ihren künftigen Arbeitsplan. Sie hatte Geist, Phantasie, Geschmack, Kenntnisse, und zwar mehr als nötig, um in die Akademie der Inschriften aufgenommen zu werden. Sie hatte uns soundso oft metaphysizieren hören, daß ihr die abstraktesten Materien vertraut waren; und ihr erster literarischer Versuch war die Übersetzung der ›Essays concerning human understanding‹ von Hume. Ich sah sie durch; und wahrhaftig, mir blieb nur sehr wenig zu berichtigen. Die Übersetzung wurde in Holland gedruckt und von der Öffentlichkeit gut aufgenommen.

Mein ›Brief über die Taubstummen‹ kam fast zur gleichen Zeit heraus. Einige sehr kluge Einwände, die sie gemacht hatte, gaben mir Anlaß zu einer Ergänzung, die ihr gewidmet wurde. Diese Ergänzung gehört nicht zum Schlechtesten, was ich gemacht habe.

Mademoiselle de La Chaux hatte ein wenig Frohsinn zurückgewonnen. Manchmal lud uns der Doktor zum Essen ein, und diese Diners waren nicht gerade traurig. Seit Gardeil nicht mehr da war, hatte Le Camus' Leidenschaft phantastische Fortschritte gemacht. Als er eines Tages bei Tisch, beim Dessert, mit aller Redlichkeit, aller Empfindsamkeit, aller Naivität eines Kindes und aller Feinfühligkeit eines geistvollen Mannes sich erklärte, antwortete sie ihm mit einem Freimut, der mir unendlich gefiel, mag er andern auch mißfallen. ›Doktor, die Wertschätzung, die ich für Sie hege, kann unmöglich noch wachsen. Ich bin überwältigt von allem, was Sie für mich getan haben; und ich wäre ebenso schwarz wie das Ungeheuer in der Rue Hyacinthe, wenn ich Ihnen nicht innigste Dankbarkeit entgegenbrächte. Ihre Geistesart gefallt mir ungemein. Sie sprechen von Ihrer Leidenschaft mit so viel Zartgefühl und Anmut, daß ich, glaube ich, traurig wäre, wenn Sie es nicht mehr täten. Der bloße Gedanke, Ihre Gesellschaft zu entbehren oder Ihrer Freundschaft beraubt zu sein, würde hinreichen, mich unglücklich zu machen. Wenn es je einen Ehrenmann gab, sind Sie es. Ihre Güte und Freundlichkeit sind unvergleichlich. Ich glaube nicht, daß ein Herz in bessere Hände fallen kann. Ich predige dem meinen von morgens bis abends zu Ihren Gunsten; aber wer selber nicht wohltun mag, hat gut predigen. Ich komme nicht weiter. Indessen leiden Sie; und das schmerzt mich tief. Ich kenne niemand, der des Glücks würdiger wäre, das Sie sich wünschen, und ich würde wer weiß was tun, um Sie glücklich zu machen. Alles, was möglich ist, ohne Ausnahme. Hören Sie, Doktor, ich ginge so weit …ja, ich ginge so weit, mit Ihnen zu schlafen … ja, bis dahin. Wollen Sie mit mir schlafen? Sie brauchen es nur zu sagen. Das ist alles, was ich für Sie tun kann; aber Sie wollen geliebt sein, und das kann ich nicht.‹

Der Doktor hörte zu, nahm ihre Hand, küßte sie, benetzte sie mit Tränen; und ich, ich wußte nicht, ob ich lachen oder weinen sollte. Mademoiselle de La Chaux kannte den Doktor nur zu gut; und als ich anderntags zu ihr sagte: ›Wie, Mademoiselle, wenn der Doktor Sie beim Wort genommen hätte?‹, antwortete sie: ›Dann hätte ich mein Wort gehalten; aber das stand nicht zu vermuten; mein Angebot war derart, daß ein Mann wie er es nicht annehmen konnte …‹«

»Warum nicht? Ich an Stelle des Doktors hätte wohl gehofft, das übrige käme hinterher.«

»Ja, nur hätte Mademoiselle de La Chaux Ihnen an Stelle des Doktors nicht dasselbe Angebot gemacht. Die Hume-Übersetzung hatte ihr nicht viel Geld eingebracht. Die Holländer drucken, was man will, vorausgesetzt, sie müssen nicht zahlen.«

»Zum Glück für uns; denn wenn sie, bei den Fesseln, die dem Geist angelegt werden, einmal anfingen, die Autoren zu bezahlen, zögen sie den gesamten Buchhandel zu sich herüber.«

»Wir rieten ihr, ein unterhaltsames Buch zu schreiben, das weniger Ehre, aber mehr Gewinn brächte. Sie befaßte sich damit vier bis fünf Monate und legte mir endlich einen kleinen historischen Roman vor, benannt: ›Die drei Favoritinnen‹. Er war elegant geschrieben, fein geführt und fesselnd; aber ohne daß sie sich dessen bewußt gewesen, denn sie war keiner Arglist fähig, war der Text von einer Menge kleiner Züge durchsetzt, die man auf die Mätresse des Königs, die Marquise de Pompadour, beziehen konnte; und ich verhehlte ihr nicht, daß, welches Opfer sie auch brächte, indem sie solche

Stellen milderte oder striche, dieses Buch nahezu unmöglich erscheinen könnte, ohne ihr Ärger einzuhandeln, und daß der Kummer, zu verderben, was gut war, sie nicht vor größerem bewahren würde.

Sie sah ein, wie sehr meine Beobachtungen zutrafen, und war desto betrübter. Gewiß sah der gute Doktor all ihren Bedürfnissen vor; aber sie machte um so zurückhaltender Gebrauch von seiner Wohltätigkeit, je weniger sie sich zu der Art von Dankbarkeit imstande sah, die er sich wohl erhoffte. Außerdem war der Doktor damals nicht reich; und er war auch nicht sonderlich geartet, es zu werden. Von Zeit zu Zeit zog sie ihr Manuskript aus der Mappe und sagte traurig zu mir: ›Soso, es gibt also kein Mittel, damit etwas anzufangen; es muß einfach da liegenbleiben.‹ Da gab ich ihr einen sonderbaren Rat, nämlich das Werk, wie es war, ohne zu mildern, ohne zu ändern, an Madame de Pompadour persönlich zu schicken, nebst einem Briefchen, das über die Zusendung in Kenntnis setzte. Die Idee gefiel ihr. Sie schrieb einen Brief, der in jeder Hinsicht bezauberte, aber vornehmlich durch einen aufrichtigen Ton, dem man sich unmöglich verschließen konnte. Zwei oder drei Monate verstrichen, ohne daß etwas erfolgte; und sie hielt den Versuch für gescheitert, als ein Ludwigskreuzler mit einem Antwortbrief der Marquise bei ihr erschien. Das Werk wurde darin nach Verdienst gelobt; man dankte für das Opfer; man bekannte sich zu den Bezüglichkeiten, man war ihretwegen nicht verletzt; und man lud die Autorin ein, nach Versailles zu kommen, wo man eine dankbare Frau fände, bereit zu jeglichem Dienst, der in ihrer Macht stünde. Als der Abgesandte von Mademoiselle de La Chaux schied, ließ er diskret eine Rolle mit fünfzig Louisdor auf den Kaminsims gleiten.

Wir, der Doktor und ich, drängten sie, Madame de Pompadours Wohlwollen zu nutzen; aber wir hatten es mit einer Frau zu tun, deren Bescheidenheit und Scheu ihrem Verdienst gleichkamen. Wie sollte sie dort in ihren Lumpen erscheinen? Auf der Stelle behob der Doktor diese Schwierigkeit. Nach den Kleidern gab es neue Vorwände, und dann wieder neue. Die Fahrt nach Versailles wurde von Tag zu Tag aufgeschoben, bis es fast nicht mehr schicklich war, sie zu machen. Wir redeten schon geraume Zeit nicht mehr darüber, als derselbe Abgesandte wiederkam, mit einem zweiten Brief voll der verbindlichsten Vorwürfe und einer zweiten Vergütung im gleichen Wert wie die erste und mit gleicher Schonung dargeboten. Diese generöse Handlung der Madame de Pompadour ist nie bekannt geworden. Ich sprach mit Herrn Collin, ihrem Vertrauensmann, der auch ihre heimlichen Vergünstigungen verteilte. Er wußte nichts davon, und ich möchte glauben, daß dies nicht die einzige gewesen ist, deren Geheimnis ihr Grab umschließt.

So kam es, daß Mademoiselle de La Chaux zweimal an der Gelegenheit vorbeiging, sich aus ihrer Armut zu befreien.

Später zog sie weit hinaus an den Stadtrand, und ich verlor sie ganz aus dem Auge. Von ihrem übrigen Leben erfuhr ich, daß es ein Gespinst von Kummer, Krankheiten und Elend war. Die Türen ihrer Familie blieben ihr starrsinnig verschlossen. Sie bat vergebens um die Vermittlung jener heiligen Herren, die sie mit solchem Eifer verfolgt hatten.«

»Das ist die Regel.«

»Der Doktor hat sie nicht verlassen. Sie starb auf Stroh, in einer Dachkammer, während der kleine Tiger von der Rue Hyacinthe, der einzige Mann, den sie geliebt hat, in Montpellier oder Toulouse sich der Medizin widmete und, bei größtem Wohlstand, den verdienten Ruf eines tüchtigen Arztes und den unrechtmäßigen eines Ehrenmannes genoß.«

»Auch das ist nahezu die Regel. Einen gütigen, ehrenhaften Tanié verweist die Vorsehung an eine Reymer; eine gütige, ehrenhafte La Chaux fällt einem Gardeil zu, auf daß alles zum besten stehe.«

»Nun wird man mir vielleicht entgegenhalten, daß es doch vorschnell sei, von einer einzigen Handlung endgültig auf den Charakter eines Menschen zu schließen; daß ein so strenges Maß die Zahl der anständigen Leute derart einschränkte, daß auf Erden weniger davon übrigblieben, als das christliche Evangelium an Auserwählten im Himmel zuläßt; daß man in der Liebe unbeständig sein, auf seine geringe Treue gegenüber Frauen sich sogar etwas einbilden kann, ohne deshalb gleich unehrenhaft und unehrlich zu sein; daß man nicht die Macht hat, weder eine entbrennende Liebe aufzuhalten noch eine erlöschende Liebe zu retten; daß es, ob in Häusern, ob auf den Straßen, schon genug Menschen gibt, die zu Recht Schufte heißen, ohne daß man imaginäre Vergehen erfinden muß, die ihre Zahl ins Unendliche steigern würde. Man wird mich fragen, ob ich nie eine Frau ohne Grund verraten, getäuscht, im Stich gelassen habe. Wenn ich auf diese Fragen antworten wollte, blieben meine Antworten nicht ohne Erwiderung, und es gäbe einen Disput, der nicht vorm Jüngsten Gericht endigte. Aber Hand aufs Gewissen und sagen Sie mir, Herr Apologet der Betrüger und Ungetreuen, ob Sie den Doktor von Toulouse zum Freunde nähmen? … Sie zögern? Dann ist alles klar; und hiermit bitte ich Gott, er möge jede Frau in seinen heiligen Schutz nehmen, um die zu werben Sie die Lust ankommt.«

Anmerkungen

MERKWÜRDIGES BEISPIEL EINER WEIBLICHEN RACHE

Schiller veröffentlichte diese Übersetzung einer Episode aus dem Roman ›Jacques der Fatalist und sein Herr‹ 1785 in seiner Zeitschrift ›Rheinische Thalia‹. Es handelt sich hierbei um eine recht freie Übertragung einer Passage aus Diderots seinerzeit noch unveröffentlichtem Roman, der Schiller in einer Abschrift vorlag. Anders als im Original, das erst 1796 publiziert worden ist, ist die Erzählung hier aus ihrer Rahmenhandlung, in der Jacques und sein Herr durch Frankreich reisen, herausgelöst. Auch wechselt Schiller die Erzählerstimme und verzichtet auf den Vortrag der Geschichte durch die Wirtin, die in Diderots Original häufig von Jacques und anderen Gästen unterbrochen wird. Madame de Pommeraye heißt bei Schiller Frau von P…, der Marquis d'Arcis: Marquis von A…

WIE DENKEN SIE DARÜBER?

Die Erzählung mit dem Originaltitel ›Qu'en pensez-vous?‹ ist erstmals in der Brière-Edition der Werke Diderots (1821–1834) erschienen. Sie wurde zuvor Jean-Jacques Rousseau zugeschrieben, der diese Erzählung erstmals im Salon von Louise d'Épinay vorgetragen hat – jedoch vermutlich mit dem Verweis auf die Autorschaft »seines Freundes Diderot«.

Vgl. Denis Diderot: Jakob und sein Herr, Die Andere Bibliothek Bd. 170, Frankfurt am Main 1999, S. 114–200.

8 *Tronchin* – Théodore Tronchin (1709–1781), Arzt in Genf, wo er auch Voltaire behandelte, ab 1766 in Paris; wird öfter bei Diderot erwähnt.

27 *von Raphael, auf den Leib seiner Galathee gestellt* – Raffaels ›Triumph der Galathea‹, ein Fresko im Palazzo Farnese in Rom, war durch Kupferstiche bekannt.

UNTERHALTUNG EINES PHILOSOPHEN MIT DER MARSCHALLIN VON C.

Dieser philosophische Dialog wurde 1773 oder 1774 von Denis Diderot verfasst und 1776 in der »Correspondance littéraire secrète« veröffentlicht.

78 *Chorazin und Bethsaida* – Orte in der Nähe des Sees Genezareth, in denen die Wunder Jesu keinen Glauben fanden und denen er dafür die schwersten Strafen beim Jüngsten Gericht androht. Matth. 11,21.

Tyrus und Sidon – Die beiden als ungläubig verschrienen Großstädte Tyrus und Sidon erklärt Jesus dabei als weniger skeptisch als die beiden Dörfer.

Diesen Text veröffentlichte Diderot als kritische Reaktion auf Antoine Léonard Thomas' »Essai sur le caractère, les mœurs et l'esprit des femmes dans les différents siècles« von 1772 im gleichen Jahr.

85 *die Engel Klopstocks oder fürchterlich wie Miltons Teufel* – Die deutschen und englischen Literaturen beginnen in Frankreich zu Diderots Zeit bei den Gebildeten bekannt zu werden. Mindestens gehört es bereits zum guten Ton, von Klopstocks ›Messias‹ und Miltons ›Verlorenem Paradies‹ gehört zu haben.

86 *in seinen Worten glühender Einsiedler* – Hieronymus.

87 *Trotz aller meiner Liebe … aus dem ich ihn zog* – Racine in der Tragödie ›Bajazet‹, 1,3 (1672).

Oh, stete Beute … Gerechtigkeit und Gott – Crebillon, Catilina, II,1. Später gestrichen.

98 *Jean Jacques* – Rousseau

GESPRÄCH EINES VATERS MIT SEINEN KINDERN

Diderot hat in diesem Dialog die eigene Familie in Szene gesetzt: das ehrwürdige Familienoberhaupt, den 1759 gestorbenen Messerschmied Didier Diderot; den strengen »Abbé«, seinen Bruder, Kanonikus in Langres, der seit langem jede Beziehung zu den verrufenen atheistischen Philosophen abgebrochen hatte; das »Schwesterchen«, die unverheiratete Denise, die dem Vater nach Mutters Tode den Haushalt führte; schließlich Diderot selbst in der Rolle des Philosophen, der im Namen des Naturrechts das überlieferte positive Recht in die Schranken fordert.

102 *die Frémins* – fiktiver Name, in den ersten Drucken eingesetzt für die Després', eine Pariser Druckerfamilie, die kirchliches Schrifttum verlegte.

104 *Cartouche oder Nivet* – zwei allbekannte Banditen, 1721 und 1729 zum Tode durch das Rad verurteilt. In der zeitgenössischen Populärliteratur war Louis Dominique Cartouche zum Symbol der Auflehnung gegen das absolutistische Zwangssystem geworden.

114 »*Moyen de parvenir*« – ein opus eroticum von Béroalde de Verville, 1610 erschienen; die »Conférences de Grenobles« dagegen gehören zur Gattung der christlichen Erbauungsliteratur.

115 *den Teil von ihrer einstmaligen Mitgift herausgeben würde* – Nach römischem Recht war die Mitgift der Frau während der Ehe Eigentum des Mannes, mußte aber von ihm bei einer Scheidung oder im Todesfall der Frau an deren Verwandte zurückgegeben werden. Diese Regelung wurde auch vom Code Civil unter Napoleon noch einmal bestätigt.

120 *Ursprünglich ist es Inbesitznahme durch Arbeit* – Die eigene Arbeit als alleiniger Rechtstitel auf Besitz, diese vor allem von Locke gegen das feudale Grundeigentum entwickelte Auffassung unterstellte, daß einmal alle Menschen sich als gleichberechtigte Produzenten gegenüberstehen und die Ergebnisse ihrer Arbeit austauschen könnten. Diderot teilte diese Annahme und ahnte noch nichts von der bevorstehenden Entwicklung, bei der Eigentum und Arbeit so radikal auseinanderstreben sollten.

124 *und sie tun gut daran* – Daß Diderot die Wirksamkeit des Prosarefrains in der Erzählliteratur entdeckte, hat der Romanist Leo Spitzer festgestellt. Hier dient die dreimalige mechanische Wiederholung dazu, die automatisierte Denkweise der Juristenzunft zu verdeutlichen.

126 *Du warst bestimmt, seine Nachfolge anzutreten* – eine keineswegs aus der Luft gegriffene Angabe: Diderot hatte als vierzehnjähriger Knabe die Zeremonie der Tonsurierung absolviert. Er war damit nicht nur berechtigt, den Titel eines Abbé zu führen, sondern er hätte auch die Pfründe seines Onkels erben können, wenn nicht dessen früher Tod 1728 die Pläne der Familie durchkreuzt hätte.

127 *Labat* – Jean-Baptiste Labat, »Voyages en Espagne et en Italie«, 1730. Der Schuster aus Messina erinnert in mancher Hinsicht an das Selbsthelfertum, wie es von den deutschen Stürmern und Drängern gefeiert wurde.

MADAME DE LA CARLIÈRE

Die Erzählung, von Naigeon 1798 zum ersten Male veröffentlicht unter dem Titel »Sur l'inconséquence du jugement public de nos actions particulières, ou Madame de La Carlière«, wird nach einem Manuskript, das dem Diderotforscher Assézat im 18. Jahrhundert vorlag, von den neueren Editoren zumeist unter dem Kurztitel publiziert.

135 *Ein so gestirntes Himmelsgewölbe, wie Sie's nie gesehen haben* – Die meteorologische Einleitung der Erzählung gehört zu den wenigen Fällen, wo Diderot mit der Darstellung einer Erscheinung offenkundig eine darüber hinausweisende Symbolfunktion verbindet: Wie sich der Himmel am Ende lichten wird, wird die Erzählung die Vorurteile zerstreuen, hinter denen in der öffentlichen Meinung der Charakter des Helden verborgen ist.

137 *in die Tournelle* – die Strafkammer des »Parlement«, des obersten Gerichtshofs in Paris.

147 *Sie wollte es unbedingt selber nähren* – Mit dieser Entscheidung löst sich Madame de La Carlière von dem in der aristokratischen Gesellschaft seit je herrschenden Brauch, die Säuglinge einer Amme anzuvertrauen, und erweist sich als gelehrige Schülerin Rousseaus. Die etwas später beschriebene Zeremonie des Säugens vor der Gesellschaft im Salon ist wohl als ein Detail zu verstehen, das den bizarren Charakter der Heldin beleuchtet.

157 *doch nie werdet ihr den vierten Tag der Iden erleben!* – Der mögliche Sinn dieser mit Absicht verklausulierten Anspielung: Wer stets der öffentlichen Meinung folgt, vermag sich nie zu einer Tat zu erheben wie Brutus, als er an den Iden des März Cäsar tötete.

166 *Aber wie, wenn Sie eine heiratsfähige Tochter hätten …* – Wie am Schluß von »Dies ist keine Erzählung« wird auch hier die »Moral« der Geschichte in potentielle Handlung umgesetzt, indem der Zuhörer zu einem Urteil über den Helden veranlaßt wird.

Dieser Essay ist 1768 von Diderot verfasst und 1769 erstmals in der »Correspondance littéraire, philosophique et critique« von Friedrich Melchior Grimm veröffentlicht worden. Mit »Fragment des Salon von 1769« ist das Manuskript dieser launigen Erzählung überschrieben. Diderot tritt hier als Kunstkritiker auf: Seit 1759 hatte er die Aufgabe übernommen, über die alle zwei Jahre in Paris stattfindenden »Salons«, die Kunstausstellungen, in Grimms »Correspondance« zu berichten. Über den Anlaß für das »Bedauern« über den alten Schlafrock weiß Grimm von einer Visite des polnischen Magnaten Adam Kazimierz Czartoryski bei Diderot zu berichten. Als nun der Philosoph ihm in einem brandneuen scharlachroten Schlafrock entgegentrat und ein soeben abgeschlossenes Gemälde Vernets in seinem Arbeitszimmer hing, glaubte Grimm, Diderot vor »den Gefahren des Luxus« warnen zu müssen. Einige Tage später habe dieser ihm mit seinem »Bedauern« geantwortet.

168 *Aristippos* – Schüler des Sokrates, Gründer einer Philosophenschule der Kyrenäiker, deren oberster Grundsatz edler Lebensgenuß war, während der Zyniker Diogenes predigte: Wer am wenigsten nötig hat, ist der Gottheit am nächsten.

170 *Falconet* – franz. Bildhauer, 1716–1791.

171 *Eine Uhr von Geoffrin* – eine authentische Angabe: Diderot besaß in der Tat eine wertvolle Pendeluhr von Madame Geoffrin, in derem berühmten Salon neben d'Alembert und Helvétius auch die Künstler Cochin und Vernet verkehrten.

Lagrenée – Maler, 1724–1805.

Vien – Maler, 1716–1809, Lehrer von Louis David, dem Maler der französischen Revolution und des napoleonischen Kaiserreichs.

Machy – Maler und Graphiker, 1722–1807, schuf außer Gemälden Zeichnungen zur Architektur und Perspektive.

172 *O heiliger Prophet!* – Nicht Mohammed, sondern der Freund Grimm wird hier angerufen, der nach dem Titel seiner Streitschrift zugunsten der italienischen Buffoni, »Le Petit Prophète de Boehmisch-Broda« (1753), im Freundeskreis »der Prophet« genannt wurde.

174 *Sein Vorwurf ist das Ende eines Sturmes ohne schlimme Katastrophe* – Das Thema hatte Diderot dem Maler selbst vorgeschlagen. Vom Resultat war er allerdings weniger überzeugt, als er hier zum Ausdruck bringt. Im achten Brief des »Salon von 1769« kommt er noch einmal auf »seinen« Vernet zurück: »Die Dankbarkeit hat zu ihrer Zeit Ausdruck gefunden; jetzt soll die Gerechtigkeit ihren Ausdruck finden. Ich bleibe bei meiner Meinung: der Himmel, das Wasser, der zersplitterte Baum und die Wolken sind vollendet schön; aber ich gebe mich im Hinblick auf das übrige keiner Täuschung. Trotz aller Verlockung, die im Eigentum liegt, bin ich mit dem Felsen, der Terrasse und den Gestalten nicht ebenso zufrieden …«

176 *Lais* – griechische Hetäre, hier allgemein für ›Geliebte‹.

DIE BEIDEN FREUNDE VON BOURBONNE

Auch die Abfassung dieser Erzählung ist, ähnlich wie der Roman »Die Nonne«, auf eine für Diderot bezeichnende Weise mit dem Leben verknüpft. Naigeon, der Eckermann Diderots, hatte sich gerühmt, den Stil des Philosophen in jedem Falle zu erkennen. Als dieser im August 1770 in Bourbonnes-les-Bains seine Freundin Madame de Meaux und deren Tochter Madame de Prunevaux besucht, macht man die Probe: Diderot schreibt die kurze Anekdote von der Freundschaft zwischen Olivier und Félix, Madame de Prunevaux schickt die Seiten als eigenes Produkt nach Paris; Naigeon merkt nichts und bittet, ihm den Ausgang der Geschichte mitzuteilen. Daraufhin vervollständigt der Autor die Erzählung, fügt die Geschichte von Félix hinzu – und wiederum geht aus der Mystifikation ein Kunstwerk hervor, dessen Wirkung auf die deutsche Literatur Goethe in »Dichtung und Wahrheit« liebevoll geschildert hat

177 *Als fürs Militär gelost wurde* – Mit dem sechzehnten Lebensjahr waren alle unverheirateten Männer außerhalb der Städte dem Aushebungssystem der Landwehr unterworfen. Die Wahl einer schwarzen Kugel entschied, wer die fünfjährige Dienstzeit absolvieren mußte.

178 *Sie wissen, Brüderchen* – Die Anrede gilt dem Freund und Literaten Jacques-André Naigeon.

Coleau – eine historische Person, in der Züricher Erstausgabe als »Talbot« maskiert.

180 *und daß man nicht bis zu den Irokesen gehn muß* – Anspielung auf eine rührselige Erzählung Saint-Lamberts, »Les Deux Amis, conte iroquois« (1770).

Zu der Zeit, als der Räuber Testalunga … – Die nachträglich eingefügte Episode entstammt Riedesels »Reise durch Sizilien und Groß-Griechenland« (1771). Sie läßt schlagartig erkennen, »daß der Riß quer durch Europa geht, daß die beiden Schmuggler von Bourbonne Glieder einer Internationale von Empörern sind, die nichts voneinander wissen, aber an den verschiedensten Orten spontan an den Grundfesten der Gesellschaft rütteln« (Hans Hinterhäuser).

Sie fragen an, Brüderchen – Mit dieser Erwähnung von Naigeons Bitte beginnt der zweite Teil der Erzählung.

aber Mama besann sich anders – Madame de Meaux, die Mutter der fiktiven Autorin Madame de Prunevaux.

188 *wenn dies nicht wahr ist* – Diderot läßt den Erzähler selbst Bedenken gegen seine Geschichte anmelden, um so den Leser noch besser vom authentischen Charakter der Ereignisse zu überzeugen.

191 *drei Arten des Erzählens* – Die im folgenden entwickelte Theorie ist bereits vorgezeichnet in Diderots 1757/58 veröffentlichter Einteilung der dramatischen Hauptgenres, wo er zwischen »tragédie merveilleuse«, »comédie« und »drame sérieux« unterschieden hatte. Den Verfasser eines »conte historique« versteht Diderot als Erzähler in einer wirklichen Erzählsituation – so wie er seinen dramatischen Erstling »Le Fils naturel« als Nachspiel bzw. »Gedächtnisaufführung« eines wirklichen Vorfalls aufgefaßt sehen wollte.

193 *Caillot* – Joseph Caillot (1732–1816), einer der besten Schauspieler der Comédie-Italienne; Diderot hat ihm im »Paradox über den Schauspieler« ein Denkmal gesetzt.

Atque ita mentitur … – (lat.) »Und so dichtet er nun, und so mengt er Dichtung und Wahrheit, daß zum Ersten die Mitte, zur Mitt' einstimme das Ende.« (Übersetzung von J. H. Voss) *ein bißchen Moral* – Johann Jakob Engel, der erste deutsche Rezensent der Diderotschen Erzählung, wollte Diderots These über die Freundschaft nur in der Umkehrung gelten lassen: das Unglück knüpfe enger zusammen, nicht weil es in Armut stürze, sondern weil sich der Unglückliche schwach fühle und Beistand suche. Der revolutionäre Sinn der Diderotschen Auffassung ist mit dieser Lesart liquidiert.

194 »*Vom Geist*« – ein Hauptwerk des französischen Materialismus. Das Buch von Helvetius war 1759 erschienen und sofort verboten worden. Offenbar wußte Diderot 1770 von dem Plan einer Neuausgabe, die 1771 herauskam.

DIES IST KEINE RRZÄHLUNG

Auch diese Erzählung ist in Grimms »Correspondance littéraire« 1773 erstveröffentlicht worden. Sie gehört mit »Madame de La Carlière« und dem »Nachtrag zu Bougainvilles Reise« zum Komplex der »Moralischen Geschichten«.

199 *Santo Domingo* – Haiti, und zwar der Westteil der Insel; deren östlicher Teil war spanisch.

201 *beschloß Herr von Maurepas, im Norden eine Handelsniederlassung zu gründen* – Seit Beginn des 19. Jahrhunderts gehört Rußland zum Osten Europas; Vor dem Hintergrund der Politik Peters I., der in Petersburg die neue Hauptstadt gründet und in der Auseinandersetzung mit Schweden (dem »Nordischen Krieg«) für Rußland den Zugang zur Ostsee gewinnt, rechnet das 18. Jahrhundert Rußland zu den nordischen Mächten. Graf von Maurepas, von 1725 bis 1749 französischer Marineminister, hatte 1747 ein Handelsprogramm für Rußland entwickelt.

204 *Umarmen Sie mich … denn du siehst mich nicht wieder* – Der wirkungsvolle Wechsel vom »Sie« zum »Du«, Ausdruck höchster Erregung und innerer Entfremdung zugleich, war ein Stilmittel, dem Racine in der französischen Klassik das Bürgerrecht gewonnen hatte.

und was ich jetzt anfüge, ist ebensowenig eine Erzählung wie das vorige – »Ebensowenig« ist zuviel gesagt: während die beiden Helden der ersten Geschichte erfundene Gestalten sind, berichtet die zweite Geschichte einen authentischen Vorfall. Mademoiselle de La Chaux starb 1755. In den Jahren 1752/53 hat sie das Werk des englischen Philosophen Hume »Philosophical Essays concerning human understanding« übersetzt.

205 *Monsieur d'Hérouville* – Graf d'Hérouville (1713–1782), ein Mitarbeiter der Enzyklopädie, der seiner Karriere als Minister die Hochzeit mit Lolotte Gaucher, einer Exmätresse des englischen Botschafters in Frankreich, vorzog.

Monsieur de Montucla – Jean-Etienne Montucla (1725–1799), ein enger Vertrauter d'Alemberts; die ersten Bände seiner »Histoire des mathématiques« erschienen 1758.

Gardeil – Jean-Baptiste Gardeil (1726–1808), nach langen Jahren der Arbeit und Entbehrung schließlich Arzt in Montpellier und auf Grund seiner medizingeschichtlichen Forschungen Mitglied verschiedener Akademien.

209 *Le Camus* – Antoine Le Camus (1722–1772), Arzt und Autor mehrerer medizinischer Werke sowie Übersetzer des berühmten Hirtenromans der Spätantike »Daphnis und Cloe« von Longos.

218 *Akademie der Inschriften* – 1665 von Colbert, dem genialen Minister Ludwigs XIV., gegründet, bestand die Aufgabe der »Académie des inscriptions« ursprünglich darin, die Monumente der Ruhmestaten des Sonnenkönigs mit den passenden Inschriften zu versehen. Nach der Reorganisation der Akademie am Jahrhundertbeginn war das Studium der Geschichte in den Mittelpunkt ihrer Arbeit getreten.

Mein ›Brief über die Taubstummen‹ – Diderots sprach- philosophischer Essay mit dem Titel »Lettres sur les sourds et les muets«, erschien 1751, die ergänzende »Lettre á Mademoiselle***« kurze Zeit später.

221 *ein Ludwigskreuzler* – Träger des 1693 von Ludwig XIV. gestifteten militärischen Ordens Saint-Louis.

222 *Diese generöse Handlung der Madame de Pompadour* – Ein Glanzlicht fällt auf die erste Mätresse des Landes, weil sie bei Hofe gegenüber der Partei der bigotten Königin die Interessen der Aufklärung wahrnahm. Madame de Pompadour starb 1764 im Alter von 43 Jahren.

Inhalt

Dies ist keine Erzählung. Aufklärerische Geschichten
ist im September 2018 in der ANDEREN BIBLIOTHEK erschienen.

Die Herausgabe lag in den Händen von Christian Döring.
Die Redaktion wurde von ihm und Ron Mieczkowski besorgt.

Denis Diderots Erzählungen und Essays »Wie denken Sie darüber?«, »Über die Frauen«, »Unterhaltung eines Philosophen mit der Marschallin von C.« und »Bedauern über meinen alten Schlafrock« erscheinen in der Übersetzung von Katharina Scheinfuß, zuerst veröffentlicht 1953 in der Dieterich'schen Verlagsbuchhandlung Leipzig in der Sammlung Dieterich, Band 138: Denis Diderot, Erzählungen und Gespräche.

»Gespräch eines Vaters mit seinen Kindern oder von der Gefahr, sich über die Gesetze zu stellen«, »Madame de La Carlière«, »Die beiden Freunde von Bourbonne« und »Dies ist keine Erzählung« sind in der Übersetzung von Christel Gersch dem im Aufbau Verlag 1999 erschienenen Band entnommen: Denis Diderot, Rameaus Neffe, Das erzählerische Werk, Bd. 4, hg. von Martin Fontius.

Die Anmerkungen von Katharina Scheinfuß und Rudolf Mark sowie Martin Fontius sind für die vorliegende Ausgabe von Ron Mieczkowski durchgesehen und ergänzt worden.

Dieses Buch wurde von Katja Jaeger, Berlin, gestaltet, ausgestattet und hergestellt.
Die Einbandgestaltung verdanken wir Angelika Richter, Heidesheim.
Als Inhaltspapier wurde holzfreies Werkdruckpapier von der Firma Schleipen, für den Einband Irisleinen von Bamberger Kaliko eingesetzt.
Gesetzt wurde bei Greiner & Reichel, Köln.
Gedruckt und Gebunden wurde bei Kösel, Altusried-Krugzell.

ISBN 978-3-8477-4034-6
AB – Die Andere Bibliothek
GmbH & Co. KG
Berlin 2018

Die Andere Bibliothek